10 Nebenbeschäftigungen

Damit können Sie im Jahr 2024 und darüber hinaus Geld verdienen

Franklin Fisher

Copyright © (2024) von Franklin Fisher

Alle Rechte vorbehalten. Kein Teil dieses Buches darf ohne die vorherige schriftliche Genehmigung des Autors reproduziert, in einem Abrufsystem gespeichert oder in irgendeinem Format oder auf irgendeine Weise, sei es elektronisch, mechanisch, durch Fotokopieren, Aufzeichnen oder auf andere Weise, übertragen werden.

Veröffentlicht von Amazon KDP

Amazon.com, Inc.

Postfach Box 81226

Seattle, WA 98108-1226

Vereinigte Staaten.

Gedruckt von Amazon KDP in den USA

Inhaltsverzeichnis

INHALTSVERZEICHNIS 3

EINFÜHRUNG 7

   ÜBERSICHT ÜBER NEBENBESCHÄFTIGUNGEN 7
   DEFINITION UND BEDEUTUNG 7
   HISTORISCHER KONTEXT UND TRENDS 8
   BEDEUTUNG IM AKTUELLEN
   WIRTSCHAFTSKLIMA 10
   WARUM NEBENBESCHÄFTIGUNGEN IM JAHR
   2024 WICHTIG SIND 12
   VORTEILE: FINANZIELLE STABILITÄT,
   KOMPETENZENTWICKLUNG UND
   UNTERNEHMERTUM 13
   VEREINBAREN SIE EINEN NEBENJOB MIT
   VOLLZEITARBEIT ODER ANDEREN
   VERPFLICHTUNGEN 15

KAPITEL 1 18

**FREIBERUFLICHES SCHREIBEN UND
ERSTELLEN VON INHALTEN** 18

   EINFÜHRUNG IN DAS FREIBERUFLICHE
   SCHREIBEN 18
   PLATTFORMEN, UM FREIBERUFLICHE
   AUFTRITTE ZU FINDEN 22
   CONTENT-ERSTELLUNG IN SOZIALEN MEDIEN. 26

KAPITEL 2 36

E-COMMERCE UND DROPSHIPPING 36

   EINRICHTEN EINES E-COMMERCE-SHOPS 36
   DAS DROPSHIPPING-MODELL 40

KAPITEL 3 ....**45**

ONLINE-NACHHILFE UND -UNTERRICHT .45

> WERDEN SIE ONLINE-TUTOR 45
> ERSTELLEN UND VERKAUFEN VON ONLINE-
> KURSEN...49

KAPITEL 4 ....**57**

REMOTE-BERATUNG UND COACHING 57

> BERATUNGSLEISTUNGEN 57
> LEBENS- UND KARRIERECOACHING 60

KAPITEL 5 ....**66**

IMMOBILIENINVESTITIONEN **66**

> EINFÜHRUNG IN IMMOBILIENINVESTITIONEN...66

KAPITEL 6 ....**77**

STOCKFOTOGRAFIE UND VIDEOGRAFIE .77

> VERDIENEN SIE MIT STOCK-FOTOGRAFIE 77
> VIDEOGRAFIE FÜR PASSIVES EINKOMMEN........81

KAPITEL 7 ....**91**

APP- UND WEBSITE-ENTWICKLUNG **91**

> FREIBERUFLICHE WEBENTWICKLUNG..............91

KAPITEL 8 ....**106**

**PRINT-ON-DEMAND UND
KUNDENSPEZIFISCHE PRODUKTE** **106**

> PRINT-ON-DEMAND ERKLÄRT 106
> ENTWERFEN UND VERMARKTEN
> MAßGESCHNEIDERTER PRODUKTE 109

KAPITEL 9 ....**116**

VIRTUELLE ASSISTENZ **116**

   WERDEN SIE EIN VIRTUELLER ASSISTENT 116

KAPITEL 10 ....**127**

GIG-ECONOMY-JOBS......................................**127**

   BELIEBTE GIG-ECONOMY-PLATTFORMEN 127

ABSCHLUSS..**137**

ANHÄNGE...**141**

Einführung

Übersicht über Nebenbeschäftigungen

Definition und Bedeutung

Definition von Nebenbeschäftigungen

Als Nebenerwerb gilt jede Art von Beschäftigung, die zusätzlich zum Vollzeitjob ausgeübt wird. Diese Unternehmungen sind in der Regel freiberuflich oder im Akkord tätig und bieten ein zusätzliches Einkommen. Nebenbeschäftigungen sind oft auf die Leidenschaften oder Fähigkeiten einer Person ausgerichtet und bieten kreative Möglichkeiten oder die Möglichkeit, neue Interessen zu entdecken. Sie variieren stark und reichen von traditionellen Teilzeitjobs bis hin zu modernen Jobs wie dem Fahren für Mitfahrunternehmen, der Freiberuflichkeit oder der Führung eines Online-Geschäfts.

Bedeutung von Nebenbeschäftigungen

Nebenbeschäftigungen haben im letzten Jahrzehnt an Bedeutung gewonnen, was vor allem auf mehrere sozioökonomische

Faktoren zurückzuführen ist. Sie bieten finanzielle Sicherheit, ermöglichen es Einzelpersonen, ihre Einkommensquellen zu diversifizieren und die Abhängigkeit von einem einzigen Gehaltsscheck zu verringern. Dieser finanzielle Puffer kann bei Wirtschaftsabschwüngen oder unerwarteten Arbeitsplatzverlusten von entscheidender Bedeutung sein. Darüber hinaus können Nebenbeschäftigungen das persönliche Wachstum fördern, indem sie es dem Einzelnen ermöglichen, neue Fähigkeiten zu entwickeln, Leidenschaften zu entdecken und Hobbys möglicherweise in gewinnbringende Unternehmungen umzuwandeln.

Historischer Kontext und Trends

Frühe Fälle von Nebenbeschäftigungen

Das Konzept der Nebenbeschäftigungen ist nicht neu. Historisch gesehen haben Menschen immer nach zusätzlichen Möglichkeiten gesucht, neben ihrer Hauptbeschäftigung Geld zu verdienen. In landwirtschaftlich geprägten Gesellschaften gingen Familien oft mehreren Formen der Arbeit nach, wie zum Beispiel der Landwirtschaft am Tag und dem Handwerk oder Handel in der Nacht. Mit der industriellen Revolution und der zunehmenden Urbanisierung wurde Schwarzarbeit üblich, bei der Arbeiter zusätzliche Abend- oder Wochenendjobs annahmen, um ihren Fabriklohn aufzubessern.

Aufstieg der Gig Economy

In der Neuzeit hat sich die Art der Nebenbeschäftigungen erheblich verändert, insbesondere mit dem Aufkommen der Gig Economy. Dieser Wandel begann ernsthaft mit der Verbreitung des Internets und digitaler Plattformen im späten 20. und frühen 21. Jahrhundert. Plattformen wie eBay und Etsy boten Privatpersonen schon früh die Möglichkeit, Waren online zu verkaufen, während freiberufliche Marktplätze wie Upwork und Fiverr qualifizierte Arbeitskräfte mit Kunden auf der ganzen Welt verbanden.

Technologische Fortschritte und moderne Nebenbeschäftigungen

In den letzten Jahren hat sich die Technologie weiterentwickelt und die Möglichkeiten für Nebenbeschäftigungen weiter erweitert. Der Aufstieg von Smartphones und Apps hat es für Menschen einfacher denn je gemacht, zusätzliche Arbeit zu finden und zu verwalten. Mitfahrdienste wie Uber und Lyft sowie Lieferplattformen wie DoorDash und Instacart haben die Teilzeitarbeit revolutioniert und bieten flexible On-Demand-Möglichkeiten.

Der Einfluss von Social Media und Online-Marktplätzen

Auch soziale Medien haben bei der Entwicklung von Nebenbeschäftigungen eine entscheidende Rolle gespielt. Plattformen wie Instagram, YouTube und TikTok haben eine neue Generation von Influencern und Content-Erstellern hervorgebracht, die ihre Online-Präsenz durch Sponsoring, Werbung und Warenverkäufe monetarisieren können. Darüber hinaus haben E-Commerce-Giganten wie Amazon und Dropshipping-Dienste es Einzelpersonen ermöglicht, Online-Shops mit minimalem Aufwand zu betreiben.

Bedeutung im aktuellen Wirtschaftsklima

Wirtschaftliche Unsicherheit und Arbeitsmarktvolatilität

Die heutige Wirtschaftslandschaft ist von erheblicher Unsicherheit und schnellen Veränderungen auf dem Arbeitsmarkt geprägt. Faktoren wie Globalisierung, Automatisierung und eine veränderte Wirtschaftspolitik haben zur Volatilität auf dem Arbeitsmarkt beigetragen. Darüber hinaus haben Ereignisse wie die COVID-19-Pandemie die Fragilität traditioneller Beschäftigungsstrukturen deutlich gemacht und viele dazu veranlasst, durch Nebenerwerbsalternativen Einkommensquellen zu suchen.

Steigende Lebenshaltungskosten

Die Lebenshaltungskosten sind in vielen Teilen der Welt stetig gestiegen und übertrafen in mehreren Sektoren das Lohnwachstum. Diese Ungleichheit hat es für Einzelpersonen schwierig gemacht, ihren Lebensstandard mit einem einzigen Einkommen aufrechtzuerhalten, was den Bedarf an zusätzlichem Einkommen durch Nebenerwerbstätigkeiten weiter steigert.

Unternehmergeist und persönliche Erfüllung

Über die finanzielle Notwendigkeit hinaus hat das aktuelle Wirtschaftsklima auch einen erneuerten Unternehmergeist gefördert. Viele Menschen streben nach mehr Autonomie und Erfüllung bei ihrer Arbeit und möchten sich von den Zwängen traditioneller 9-to-5-Jobs befreien. Nebenbeschäftigungen bieten die Möglichkeit, unternehmerische Vorhaben auszuprobieren, ohne das unmittelbare Risiko einzugehen, die Vollzeitbeschäftigung aufzugeben.

Warum Nebenbeschäftigungen im Jahr 2024 wichtig sind

Wirtschaftslandschaft und Chancen

Aufstrebende Märkte und Technologien

Das Jahr 2024 bietet zahlreiche Möglichkeiten für Nebenbeschäftigungen, angetrieben durch Schwellenländer und technologische Fortschritte. Beispielsweise schafft die zunehmende Einführung von künstlicher Intelligenz (KI) und maschinellem Lernen neue Möglichkeiten in technologiebezogenen Nebenbeschäftigungen, von der Softwareentwicklung bis hin zur KI-gesteuerten Inhaltserstellung. Darüber hinaus haben die Ausweitung der Fernarbeit und des digitalen Nomadentums globale Märkte geöffnet, die es Einzelpersonen ermöglichen, ihre Dienste Kunden auf der ganzen Welt anzubieten.

Nachhaltigkeit und Green Economy

Der Trend zu Nachhaltigkeit und grüner Wirtschaft ist ein weiterer wichtiger Trend. Nebenbeschäftigungen im Zusammenhang mit erneuerbaren Energien, umweltfreundlichen Produkten und nachhaltigen Lebenspraktiken gewinnen an Bedeutung. Einzelpersonen können beispielsweise Unternehmen gründen, die sich auf Upcycling, ökologischen Landbau oder grüne Beratung konzentrieren und so die steigende Verbrauchernachfrage nach umweltfreundlichen Produkten und Dienstleistungen nutzen.

Vorteile: Finanzielle Stabilität, Kompetenzentwicklung und Unternehmertum

Finanzielle Stabilität

Einer der Hauptvorteile einer Nebenbeschäftigung ist die verbesserte finanzielle Stabilität. Durch die Diversifizierung der Einkommensquellen können Einzelpersonen wirtschaftliche Abschwünge oder unerwartete Ausgaben besser überstehen. Dieses zusätzliche Einkommen kann zur Tilgung von Schulden, zum Aufbau eines Notfallfonds oder zur Investition in zukünftige Möglichkeiten verwendet werden und so ein finanzielles Sicherheitsnetz schaffen.

Fähigkeits-Entwicklung

Auch Nebenbeschäftigungen bieten wertvolle Möglichkeiten zur Kompetenzentwicklung. Sie ermöglichen es Einzelpersonen, neue Fähigkeiten zu erlernen oder bestehende zu verfeinern, was für den beruflichen Aufstieg oder den Übergang in ein neues Berufsfeld von Vorteil sein kann. Ein Marketingprofi könnte beispielsweise freiberufliche Grafikdesignprojekte übernehmen, um ein breiteres Spektrum an Fähigkeiten zu entwickeln und so seine Marktfähigkeit zu verbessern.

Unternehmerische Erfahrung

Die Teilnahme an einem Nebenerwerb bietet praktische unternehmerische Erfahrung. Einzelpersonen können in kleinerem Rahmen etwas über Unternehmensführung, Marketing, Kundenservice und

Finanzplanung lernen und sich so auf potenzielle Vollzeit-Unternehmungen in der Zukunft vorbereiten. Diese praktische Erfahrung ist von unschätzbarem Wert und kann zu mehr Selbstvertrauen und Erfolg bei größeren Geschäftsvorhaben führen.

Vereinbaren Sie einen Nebenjob mit Vollzeitarbeit oder anderen Verpflichtungen

Zeitmanagement und Priorisierung

Um einen Nebenjob mit Vollzeitarbeit oder anderen Verpflichtungen in Einklang zu bringen, bedarf es eines effektiven Zeitmanagements und der Priorisierung. Es ist wichtig, klare Grenzen zu setzen und bestimmte Zeitfenster für die Nebenbeschäftigung zuzuweisen, um Burnout vorzubeugen und die Produktivität sicherzustellen. Tools wie Kalender, Aufgabenlisten und Produktivitäts-Apps können dabei helfen, die Zeit effizient zu verwalten.

Flexible Möglichkeiten nutzen

Die Wahl einer Nebenbeschäftigung mit flexiblen Arbeitszeiten oder

Fernarbeitsoptionen kann die Vereinbarkeit mit einem Vollzeitjob erleichtern. Viele Gig-Economy-Jobs, Freiberufler und Online-Unternehmen ermöglichen es Einzelpersonen, ihre eigenen Zeitpläne festzulegen, sodass sie abends, am Wochenende oder wann immer sie Freizeit haben arbeiten können.

Realistische Ziele setzen

Es ist entscheidend, realistische Ziele und Erwartungen zu setzen. Es ist wichtig zu erkennen, dass eine Nebenbeschäftigung Ihre Hauptaufgaben ergänzen und nicht überfordern sollte. Fangen Sie klein an, konzentrieren Sie sich auf überschaubare Projekte und erweitern Sie diese schrittweise, während Sie an Erfahrung und Selbstvertrauen gewinnen.

Selbstfürsorge und Work-Life-Balance

Wenn Sie mehrere Verpflichtungen unter einen Hut bringen möchten, ist die Aufrechterhaltung einer gesunden Work-Life-Balance unerlässlich. Priorisieren Sie die Selbstfürsorge, indem Sie für ausreichend Ruhe, Bewegung und Freizeitaktivitäten sorgen. Bewerten Sie regelmäßig Ihre Arbeitsbelastung und nehmen Sie bei Bedarf

Anpassungen vor, um Burnout vorzubeugen und das allgemeine Wohlbefinden aufrechtzuerhalten.

Zusammenfassend lässt sich sagen, dass Nebenbeschäftigungen eine Vielzahl von Vorteilen bieten, von finanzieller Stabilität und Kompetenzentwicklung bis hin zu unternehmerischer Erfahrung. Sie haben sich im Laufe der Zeit erheblich weiterentwickelt und sich an den technologischen Fortschritt und die sich verändernde Wirtschaftslandschaft angepasst. Im Jahr 2024 sind Nebenbeschäftigungen wichtiger denn je und bieten die Möglichkeit, wirtschaftliche Unsicherheiten zu meistern, aufstrebende Märkte zu erkunden und sich persönlich und beruflich weiterzuentwickeln. Die Vereinbarkeit einer Nebenbeschäftigung mit anderen Verpflichtungen erfordert sorgfältige Planung, Zeitmanagement und den Fokus auf die Aufrechterhaltung einer gesunden Work-Life-Balance.

Kapitel 1

Freiberufliches Schreiben und Erstellen von Inhalten

Einführung in das freiberufliche Schreiben

Arten des Schreibens

Blogeinträge

Bloggen ist aufgrund der hohen Nachfrage nach frischen Inhalten auf Websites zu einer der beliebtesten Formen des freiberuflichen Schreibens geworden. Blogs sind eine Plattform zum Austausch von Ideen, Erfahrungen und Fachwissen zu einem breiten Themenspektrum. Sie können persönlicher Natur sein, etwa Reise- oder Lifestyle-Blogs, oder professionell und branchenspezifischer Inhalte sein. Freiberufliche Blogger schreiben in der Regel Beiträge für Unternehmen, die ihr Publikum ansprechen, SEO verbessern und Autorität in ihrer Nische aufbauen möchten. Zu den Schlüsselelementen eines erfolgreichen Blogbeitrags gehören eine ansprechende Überschrift, eine klare Struktur, wertvolle Inhalte und ein Aufruf zum Handeln.

Artikel

Das Schreiben von Artikeln ist eine weitere weit verbreitete Form des freiberuflichen Schreibens, oft formeller und strukturierter als Blogbeiträge. Artikel finden Sie in Online-Publikationen, Magazinen, Zeitungen und Branchenzeitschriften. Sie decken verschiedene Themen ab, darunter Nachrichten, Meinungen und ausführliche Analysen. Freiberufliche Artikelautoren müssen gründlich recherchieren und Informationen klar, prägnant und ansprechend präsentieren. Für den Erfolg in diesem Bereich sind ausgeprägte Storytelling-Fähigkeiten und die Fähigkeit zur Einhaltung von Veröffentlichungsrichtlinien unerlässlich.

Werbetexten

Beim Copywriting geht es darum, überzeugende Inhalte zu verfassen, die die Leser zu einer bestimmten Aktion anregen sollen, beispielsweise zum Kauf, zum Abonnieren eines Dienstes oder zum

Abonnieren eines Newsletters. Diese Art des Schreibens ist für Werbung, Marketingkampagnen und Verkaufsseiten von entscheidender Bedeutung. Für eine effektive Texterstellung ist es erforderlich, die Zielgruppe zu verstehen, überzeugende Botschaften zu formulieren und überzeugende Techniken einzusetzen, um die Conversions zu steigern. Freiberufliche Texter arbeiten häufig an Projekten wie E-Mail-Kampagnen, Landingpages, Produktbeschreibungen und Anzeigen.

Ghostwriting

Ghostwriting ist eine einzigartige Form des freiberuflichen Schreibens, bei der der Autor Inhalte im Namen einer anderen Person erstellt, die dann die Anerkennung für die Arbeit entgegennimmt. Ghostwriter werden häufig damit beauftragt, Bücher, Reden, Artikel und Blogbeiträge für vielbeschäftigte Berufstätige, Prominente und Führungskräfte zu schreiben. Diese Art des Schreibens erfordert die Fähigkeit, die Stimme und den Stil des angegebenen Autors nachzuahmen. Ghostwriter müssen in der Recherche, im Schreiben und in der Wahrung der Vertraulichkeit erfahren sein.

Technisches Schreiben

Beim Technischen Schreiben handelt es sich um die Erstellung von Lehr- und Informationsinhalten für technische Produkte und Dienstleistungen. Dazu gehören Benutzerhandbücher, Anleitungen, Whitepapers und technische Berichte. Freiberufliche technische Redakteure müssen über ein tiefes Verständnis des Themas verfügen, über das sie schreiben, und über die Fähigkeit verfügen, komplexe Informationen in klare, benutzerfreundliche Inhalte zu übersetzen. Liebe zum Detail und starke organisatorische Fähigkeiten sind für die Erstellung genauer und effektiver technischer Dokumente unerlässlich.

Kreatives Schreiben

Kreatives Schreiben umfasst ein breites Spektrum an Genres, darunter Belletristik, Poesie und Drehbuchschreiben. Freiberufliche kreative Autoren können an Projekten wie Kurzgeschichten, Romanen, Drehbüchern und Gedichtsammlungen arbeiten. Diese Art des Schreibens erfordert eine starke Vorstellungskraft, die Fähigkeit zum Geschichtenerzählen und eine einzigartige Stimme. Während der Einstieg in das kreative Schreiben als Freiberufler eine Herausforderung sein kann, bieten sich Möglichkeiten in Literaturzeitschriften, der Erstellung von Unterhaltungsinhalten und der Selbstveröffentlichung.

Plattformen, um freiberufliche Auftritte zu finden

Upwork

Upwork ist eine der größten und beliebtesten Plattformen für Freiberufler und bietet Möglichkeiten in verschiedenen Branchen, einschließlich des Schreibens. Autoren können ein Profil erstellen, das ihre Fähigkeiten, Erfahrungen und ihr Portfolio präsentiert. Kunden veröffentlichen Stellenanzeigen und Freiberufler können Vorschläge für Projekte einreichen, die ihrem Fachwissen entsprechen. Upwork bietet ein sicheres Zahlungssystem und Projektmanagement-Tools, um die Zusammenarbeit zwischen Kunden und Freiberuflern zu erleichtern.

Fiverr

Fiverr arbeitet nach einem anderen Modell, bei dem Freiberufler „Auftritte" organisieren und bestimmte Dienstleistungen zu festgelegten Preisen anbieten, die bei 5 US-

Dollar beginnen. Autoren können Dienste wie das Schreiben von Blogs, das Schreiben von Artikeln, das Verfassen von Texten und das Bearbeiten auflisten. Kunden stöbern durch Auftritte und geben direkt Bestellungen auf. Fiverr eignet sich besonders für Freiberufler, die standardisierte Dienstleistungen anbieten und Kunden gewinnen möchten, die nach schnellen, kostengünstigen Lösungen suchen.

Freiberufler

Freelancer ist eine weitere wichtige Plattform, auf der Freiberufler Jobs als Autor finden können. Es funktioniert ähnlich wie Upwork: Kunden veröffentlichen Stellenangebote und Freiberufler geben Angebote ab. Die Plattform deckt ein breites Spektrum an Schreibmöglichkeiten ab, vom Schreiben von Inhalten und Texten bis hin zu technischem Schreiben und kreativen Projekten. Freelancer bietet außerdem ein Zeiterfassungs- und Zahlungssystem, um ein reibungsloses Projektmanagement und sichere Transaktionen zu gewährleisten.

ProBlogger-Jobbörse

Das ProBlogger Job Board ist eine Nischenplattform speziell für freiberufliche

Autoren und Blogger. Es zieht Kunden an, die nach hochwertigen Inhalten und erfahrenen Autoren suchen. Autoren können Stellenangebote durchsuchen, Bewerbungen einreichen und Konditionen direkt mit Kunden aushandeln. Das ProBlogger Job Board ist eine hervorragende Ressource für Autoren, die nach spezialisierten Schreibmöglichkeiten suchen und mit seriösen Kunden in Kontakt treten möchten.

Content Mills

Content Mills sind Plattformen, die Autoren mit Kunden verbinden, die schnell große Mengen an Inhalten benötigen. Beispiele hierfür sind Textbroker, iWriter und WriterAccess. Autoren melden sich an, füllen eine Schreibprobe zur Bewertung aus und erhalten auf der Grundlage ihrer Bewertung Zugang zu verfügbaren Projekten. Während Content Mills einen stetigen Arbeitsfluss bieten können, zahlen sie im Vergleich zu direkter Kundenarbeit oft niedrigere Preise. Sie können ein guter Ausgangspunkt für neue Freiberufler sein, die ihr Portfolio aufbauen und Erfahrungen sammeln möchten.

LinkedIn

LinkedIn ist eine wertvolle Plattform für freiberufliche Autoren, um sich zu vernetzen, ihre Fähigkeiten zu präsentieren und Jobmöglichkeiten zu finden. Autoren können ein professionelles Profil erstellen, Beispiele ihrer Arbeit teilen und mit potenziellen Kunden und Branchenexperten in Kontakt treten. LinkedIn verfügt außerdem über eine Jobbörse, in der Freiberufler Jobs als Autoren finden und Bewerbungen einreichen können. Der Aufbau einer starken LinkedIn-Präsenz kann Autoren dabei helfen, Kunden zu gewinnen und sich als Experten auf ihrem Gebiet zu etablieren.

Persönliche Website und Portfolio

Eine persönliche Website und ein persönliches Portfolio sind für freiberufliche Autoren von entscheidender Bedeutung. Eine gut gestaltete Website kann als zentraler Knotenpunkt dienen, an dem potenzielle Kunden sich über die Dienstleistungen des Autors informieren, Beispiele seiner Arbeit ansehen und ihn direkt kontaktieren können. Autoren können ihre Website auch nutzen, um einen Blog zu veröffentlichen, Erfahrungsberichte zu teilen und ihr Fachwissen in bestimmten Nischen hervorzuheben. Die Werbung für die Website über soziale Medien und SEO kann dazu beitragen, Traffic anzuziehen und Leads zu generieren.

Content-Erstellung in sozialen Medien

Bloggen

Einen Blog starten

Bloggen ist ein leistungsstarkes Medium zum Austausch von Ideen, zum Aufbau einer persönlichen Marke und zur Generierung von Einnahmen. Um einen Blog zu starten, wählen Sie eine Nische, die Ihren Interessen und Ihrem Fachwissen entspricht. Beliebte Nischen sind Reisen, Lifestyle, Gesundheit, Finanzen und Technologie. Wählen Sie eine Blogging-Plattform wie WordPress oder Blogger sowie einen Domainnamen und einen Hosting-Dienst aus. Gestalten Sie Ihren Blog mit einem benutzerfreundlichen Layout und beginnen Sie mit der Erstellung hochwertiger Inhalte, die Ihren Lesern einen Mehrwert bieten.

Content-Strategie

Die Entwicklung einer Content-Strategie ist für den Erfolg eines Blogs von entscheidender Bedeutung. Identifizieren Sie Ihre Zielgruppe und verstehen Sie deren Bedürfnisse und Interessen. Planen Sie Ihren Inhaltskalender und legen Sie die Themen, Schlüsselwörter und den Veröffentlichungsplan fest. Erstellen Sie eine Mischung aus Inhaltstypen, z. B. Anleitungen, Listicles, Meinungsbeiträgen und Interviews, um Ihr Publikum zu fesseln. Konsistenz ist der Schlüssel. Versuchen Sie daher, regelmäßig neue Beiträge zu veröffentlichen und diese über soziale Medien und E-Mail-Newsletter zu bewerben.

Einen Blog monetarisieren

Es gibt mehrere Möglichkeiten, einen Blog zu monetarisieren. Eine der gängigsten Methoden sind Display-Anzeigen, bei denen Sie Einnahmen basierend auf der Anzahl der Impressionen oder Klicks auf Anzeigen erzielen, die in Ihrem Blog angezeigt werden. Google AdSense ist ein beliebtes Werbenetzwerk für Blogger. Eine weitere Option ist das Affiliate-Marketing, bei dem Sie Produkte oder Dienstleistungen bewerben und für jeden über Ihre

Empfehlungslinks getätigten Verkauf eine Provision verdienen. Nehmen Sie an Partnerprogrammen teil, die sich auf Ihre Nische beziehen, und integrieren Sie Affiliate-Links auf natürliche Weise in Ihre Inhalte.

Gesponserte Inhalte

Bei gesponserten Inhalten geht es darum, mit Marken zusammenzuarbeiten, um Beiträge zu erstellen, die deren Produkte oder Dienstleistungen bewerben. Marken bezahlen Blogger dafür, Rezensionen und Tutorials zu schreiben oder ihre Angebote in einem Blogbeitrag vorzustellen. Um Sponsoringmöglichkeiten zu gewinnen, bauen Sie eine starke Leserschaft auf und etablieren Sie Ihre Autorität in Ihrer Nische. Wenden Sie sich direkt an Marken oder schließen Sie sich Influencer-Marketing-Plattformen an, die Blogger mit potenziellen Sponsoren verbinden.

Verkauf digitaler Produkte

Blogger können ihre Blogs auch monetarisieren, indem sie digitale Produkte wie E-Books, Online-Kurse, Ausdrucke oder Vorlagen verkaufen. Erstellen Sie wertvolle Ressourcen, die auf die Bedürfnisse und

Interessen Ihres Publikums eingehen, und bewerben Sie diese über Ihren Blog und Ihre Social-Media-Kanäle. Digitale Produkte können für einen stetigen Strom passiven Einkommens sorgen und Sie als Experten auf Ihrem Gebiet positionieren.

Vlogging

Starten eines YouTube-Kanals

Vlogging oder Video-Blogging ist zu einer beliebten Form der Inhaltserstellung geworden, wobei YouTube die am weitesten verbreitete Plattform ist. Um einen YouTube-Kanal zu starten, erstellen Sie ein Google-Konto und richten Sie Ihren Kanal ein. Wählen Sie eine Nische und ein Inhaltsformat, das Ihren Interessen und Fähigkeiten entspricht. Beliebte Vlogging-Nischen sind Lifestyle, Beauty, Gaming, Technologie und Reisen. Investieren Sie in eine Grundausstattung wie Kamera, Mikrofon und Beleuchtung, um qualitativ hochwertige Videos zu gewährleisten.

Inhaltsplanung und -erstellung

Planen Sie Ihre Content-Strategie, indem Sie Ihre Zielgruppe identifizieren und Trendthemen in Ihrer Nische recherchieren.

Erstellen Sie einen Inhaltskalender mit Ihren Videoideen, dem Drehplan und den Veröffentlichungsterminen. Konzentrieren Sie sich darauf, ansprechende, informative und unterhaltsame Videos zu erstellen, die Ihren Zuschauern einen Mehrwert bieten. Achten Sie auf Videotitel, Miniaturansichten und Beschreibungen, um Ihre Inhalte für die Suche zu optimieren und mehr Zuschauer anzulocken.

Einen YouTube-Kanal monetarisieren

YouTube bietet Vloggern mehrere Monetarisierungsoptionen. Mit dem YouTube-Partnerprogramm können Sie Einnahmen aus Anzeigen erzielen, die in Ihren Videos angezeigt werden. Um sich zu qualifizieren, benötigen Sie mindestens 1.000 Abonnenten und 4.000 Wiedergabestunden in den letzten 12 Monaten. Eine weitere Option sind Kanalmitgliedschaften, bei denen Zuschauer gegen eine monatliche Gebühr exklusive Vergünstigungen wie benutzerdefinierte Abzeichen, Emojis und Inhalte nur für Mitglieder erhalten können. Mit Super Chat und Super Stickern können Zuschauer während Livestreams für hervorgehobene Nachrichten bezahlen.

Markenpartnerschaften und Sponsoring

Die Zusammenarbeit mit Marken für Sponsoring ist eine lukrative Möglichkeit, einen YouTube-Kanal zu monetarisieren. Marken bezahlen Vlogger dafür, gesponserte Videos zu erstellen oder Produktplatzierungen in ihre Inhalte aufzunehmen. Um Sponsoring-Möglichkeiten zu gewinnen, bauen Sie eine starke Abonnentenbasis auf und produzieren Sie regelmäßig qualitativ hochwertige Videos. Wenden Sie sich direkt an Marken oder schließen Sie sich Influencer-Marketingplattformen an, die Vlogger mit potenziellen Sponsoren verbinden.

Merchandising und Crowdfunding

Der Verkauf von Waren wie Markenbekleidung, Accessoires oder digitalen Produkten ist eine weitere Möglichkeit, einen YouTube-Kanal zu monetarisieren. Erstellen Sie einen Merchandise-Shop auf Plattformen wie Teespring oder Spreadshop und bewerben Sie Ihre Produkte über Ihre Videos und Social-Media-Kanäle. Crowdfunding-Plattformen wie Patreon und Kickstarter ermöglichen es Zuschauern, Ihren Kanal finanziell zu unterstützen und dafür exklusive

Inhalte, Einblicke hinter die Kulissen oder andere Belohnungen zu erhalten.

Podcasting

Einen Podcast starten

Podcasting ist ein wachsendes Medium zum Teilen von Inhalten in einem Audioformat. Um einen Podcast zu starten, wählen Sie eine Nische und ein Format, die Ihren Interessen und Ihrem Fachwissen entsprechen. Zu den gängigen Podcast-Formaten gehören Interviews, Solo-Episoden, Podiumsdiskussionen und Storytelling. Investieren Sie in die notwendige Ausrüstung wie ein Mikrofon, Kopfhörer und Audiobearbeitungssoftware. Wählen Sie eine Podcast-Hosting-Plattform wie Anchor, Libsyn oder Podbean, um Ihre Episoden hochzuladen und in Podcast-Verzeichnissen wie Apple Podcasts, Spotify und Google Podcasts zu verteilen.

Inhaltsplanung und -produktion

Entwickeln Sie eine Content-Strategie, indem Sie Ihre Zielgruppe identifizieren und Ihre Episodenthemen planen. Erstellen Sie einen Inhaltskalender mit einem Überblick über Ihren Aufnahmeplan, Episodenthemen und Gastauftritte. Konzentrieren Sie sich auf die Produktion hochwertiger, ansprechender Inhalte, die Ihren Zuhörern einen Mehrwert bieten. Achten Sie auf Episodentitel, Beschreibungen und Cover, um mehr Hörer anzulocken und die Auffindbarkeit zu verbessern.

Einen Podcast monetarisieren

Es gibt mehrere Möglichkeiten, einen Podcast zu monetarisieren. Eine gängige Methode ist das Sponsoring, bei dem Marken Sie dafür bezahlen, dass Sie ihre Produkte oder Dienstleistungen in Ihren Episoden erwähnen oder bewerben. Um Sponsoren zu gewinnen, bauen Sie eine treue Zuhörerbasis auf und demonstrieren Sie Ihre Reichweite und Ihr Engagement. Eine weitere Option ist die Hörerunterstützung, bei der Sie Ihr Publikum über Plattformen wie Patreon oder Buy Me a Coffee um einen finanziellen Beitrag im Austausch für exklusive Inhalte oder Vergünstigungen bitten können.

Affiliate-Marketing und Merchandise

Durch die Einbindung von Affiliate-Marketing in Ihren Podcast können Sie zusätzliche Einnahmen erzielen. Bewerben Sie Produkte oder Dienstleistungen mit

Bezug zu Ihrer Nische und fügen Sie Affiliate-Links in Ihre Shownotizen oder Ihre Website ein. Wenn Hörer über Ihre Links einen Kauf tätigen, erhalten Sie eine Provision. Der Verkauf von Waren wie Markenbekleidung, Accessoires oder digitalen Produkten ist eine weitere Möglichkeit, Ihren Podcast zu monetarisieren. Bewerben Sie Ihre Waren über Ihre Episoden und Social-Media-Kanäle.

Live-Events und Vortragsveranstaltungen

Die Ausrichtung von Live-Events wie Webinaren, Workshops oder Live-Podcast-Aufzeichnungen kann zusätzliche Einnahmequellen bieten. Erheben Sie eine Aufnahmegebühr oder bieten Sie zahlenden Mitgliedern exklusiven Zugang an. Auch Vortragsengagements, bei denen Sie Ihr Fachwissen auf Konferenzen, Seminaren oder Firmenveranstaltungen teilen, können eine lukrative Gelegenheit sein. Bauen Sie Ihren Ruf als Vordenker in Ihrer Nische auf, um Vorträge und Live-Events anzuziehen.

Zusammenfassend lässt sich sagen, dass freiberufliches Schreiben und Erstellen von Inhalten vielfältige und lukrative Möglichkeiten für Personen bieten, die ihr

Einkommen aufbessern oder eine Karriere im digitalen Bereich aufbauen möchten. Vom Bloggen und Vlogging bis zum Podcasting gibt es zahlreiche Möglichkeiten, Ihr Fachwissen zu teilen, mit dem Publikum in Kontakt zu treten und Ihre Inhalte zu monetarisieren. Indem Sie die richtigen Plattformen nutzen, eine solide Content-Strategie entwickeln und verschiedene Monetarisierungsmethoden erkunden, können Sie Ihre Leidenschaft für das Schreiben und die Erstellung von Inhalten in einen profitablen Nebenerwerb oder ein Vollzeitgeschäft verwandeln.

Kapitel 2

E-Commerce und Dropshipping

Einrichten eines E-Commerce-Shops

Auswahl einer Nische und Produkte

Identifizierung einer profitablen Nische

Die Wahl der richtigen Nische ist entscheidend für den Erfolg Ihres E-Commerce-Shops. Führen Sie zunächst eine Marktforschung durch, um Trends, Lücken und Chancen in Ihrem Zielmarkt zu identifizieren. Berücksichtigen Sie Faktoren wie Nachfrage, Wettbewerb und Rentabilität. Suchen Sie nach Nischen mit leidenschaftlichem Publikum, geringer Konkurrenz und Raum für Innovation. Nutzen Sie Tools wie Google Trends, Amazon Bestseller und Social-Media-Insights, um Daten zu sammeln und Ihre Nischenideen zu validieren.

Produktauswahl

Sobald Sie sich für eine Nische entschieden haben, ist es an der Zeit, die Produkte auszuwählen, die Sie in Ihrem E-Commerce-Shop verkaufen möchten. Erforschen Sie die Vorlieben, Bedürfnisse und Schwachstellen Ihrer Zielgruppe, um Produkte zu finden, die bei ihnen Anklang finden. Berücksichtigen Sie Faktoren wie Qualität, Preisgestaltung, Einzigartigkeit und Potenzial für Upselling und Cross-Selling. Testen Sie verschiedene Produktideen durch Marktforschung, Umfragen und Produktmuster, um Nachfrage und Realisierbarkeit einzuschätzen.

Lieferantenbeziehungen

Der Aufbau von Beziehungen zu zuverlässigen Lieferanten ist für die Beschaffung hochwertiger Produkte und die Aufrechterhaltung der Lagerbestände von entscheidender Bedeutung. Recherchieren Sie potenzielle Lieferanten und bewerten Sie Faktoren wie Produktqualität, Preise, Lieferzeiten und Kundenservice. Erwägen Sie die Zusammenarbeit mit mehreren Lieferanten, um Ihr Produktsortiment zu diversifizieren und die Abhängigkeit von einer einzigen Quelle zu verringern. Kommunizieren Sie offen mit Lieferanten, legen Sie klare Bedingungen und Erwartungen fest und pflegen Sie regelmäßigen Kontakt, um eine reibungslose Lieferkette sicherzustellen.

Zu verwendende Plattformen

Shopify

Shopify ist eine der beliebtesten E-Commerce-Plattformen und bietet eine benutzerfreundliche Oberfläche, anpassbare Themes und leistungsstarke Funktionen zum Aufbau und zur Verwaltung von Online-Shops. Mit Shopify können Sie ganz einfach Ihren Shop einrichten, Produkte hinzufügen, Zahlungen akzeptieren sowie Bestellungen und Lagerbestände verfolgen. Die Plattform bietet außerdem eine Reihe von Apps und Integrationen für Marketing, Analyse und Kundensupport. Das abonnementbasierte Preismodell von Shopify macht es für Unternehmen jeder Größe zugänglich.

Etsy

Etsy ist eine spezialisierte E-Commerce-Plattform, die sich auf handgefertigte, Vintage- und einzigartige Waren konzentriert. Es ist eine ideale Plattform für Kunsthandwerker, Handwerker und kleine

Unternehmen, die ihre Produkte an ein Nischenpublikum verkaufen möchten. Etsy bietet Tools zum Erstellen individueller Storefronts, zum Auflisten von Produkten und zum Verwalten von Bestellungen. Die Plattform verfügt über eine integrierte Käufergemeinschaft, die an einzigartigen und personalisierten Artikeln interessiert ist, was sie zu einem wertvollen Marktplatz für kreative Unternehmer macht.

Amazonas

Amazon ist der weltweit größte Online-Marktplatz und bietet E-Commerce-Unternehmen eine beispiellose Reichweite und Sichtbarkeit. Durch den Verkauf bei Amazon können Sie auf den riesigen Kundenstamm des Unternehmens zugreifen und seine fortschrittlichen Fulfillment- und Versandservices durch Programme wie Fulfillment by Amazon (FBA) nutzen. Unabhängig davon, ob Sie ein Drittverkäufer oder ein Kunsthandwerker bei Amazon Handmade sind, können Sie Produktlisten erstellen, den Lagerbestand verwalten und Bestellungen direkt über die Plattform ausführen. Amazon bietet auch Werbe- und Verkaufsförderungstools an, um den Umsatz und die Sichtbarkeit zu steigern.

Das Dropshipping-Modell

So funktioniert Dropshipping

Überblick über Dropshipping

Dropshipping ist ein Geschäftsmodell, bei dem der Verkäufer (der Dropshipper) keinen Lagerbestand hält, sondern Bestellungen ausführt, indem er Produkte von einem Drittanbieter kauft und diese direkt an den Kunden versenden lässt. Der Dropshipper fungiert als Mittelsmann und vermarktet und verkauft Produkte über seinen E-Commerce-Shop, ohne dass eine Lager- oder Fulfillment-Infrastruktur erforderlich ist. Dropshipping bietet niedrige Startkosten, minimales Risiko und Flexibilität und ist damit eine attraktive Option für angehende Unternehmer.

Auftragsabwicklungsprozess

Wenn ein Kunde auf der Website des Dropshippers eine Bestellung aufgibt, werden die Bestelldaten an den Lieferanten weitergeleitet, der das Produkt dann kommissioniert, verpackt und direkt an den Kunden versendet. Der Dropshipper kümmert sich nicht um den physischen Lagerbestand oder den Versandprozess, sodass er sich auf Marketing, Kundenservice und das Wachstum seines Geschäfts konzentrieren kann. Der Lieferant berechnet dem Direktversender in der Regel einen Großhandelspreis für das Produkt und lässt dem Direktversender Spielraum, den Preis zu erhöhen und Gewinn zu erzielen.

Vor- und Nachteile von Dropshipping

Dropshipping bietet mehrere Vorteile, darunter niedrige Gemeinkosten, minimales Risiko und Flexibilität. Da Sie nicht in Inventar oder Lagerfläche investieren müssen, sind die Anlaufkosten im Vergleich zu herkömmlichen E-Commerce-Modellen deutlich niedriger. Mit Dropshipping können Sie außerdem mehrere Produkte und Nischen testen, ohne große Vorabinvestitionen tätigen zu müssen. Dropshipping bringt jedoch auch Herausforderungen mit sich, wie z. B. geringere Gewinnspannen, die Abhängigkeit von Lieferanten und potenzielle Probleme mit der Produktqualität und den Lieferzeiten.

Zuverlässige Lieferanten finden und Lagerbestände verwalten

Recherche nach Lieferanten

Die Suche nach zuverlässigen Lieferanten ist entscheidend für den Erfolg Ihres Dropshipping-Geschäfts. Recherchieren Sie zunächst online nach potenziellen Lieferanten und wenden Sie sich direkt an diese, um sich nach ihren Produkten, Preisen und Konditionen zu erkundigen. Suchen Sie nach Lieferanten, die sich durch Zuverlässigkeit, Qualitätsprodukte und guten Kundenservice auszeichnen. Berücksichtigen Sie bei der Bewertung von Lieferanten Faktoren wie Standort, Versandzeiten und Mindestbestellmengen. Nutzen Sie Verzeichnisse wie AliExpress, SaleHoo und Oberlo, um seriöse Dropshipping-Anbieter zu finden.

Lieferanten-Due-Diligence

Bevor Sie mit einem Lieferanten zusammenarbeiten, führen Sie eine Due-Diligence-Prüfung durch, um sicherzustellen, dass er Ihren Anforderungen und Standards entspricht. Fordern Sie Muster ihrer Produkte an, um Qualität und Handwerkskunst aus erster Hand zu beurteilen. Bitten Sie um Referenzen oder Kundenbewertungen, um deren Ruf und Zuverlässigkeit zu beurteilen. Überprüfen Sie die Versandzeiten, Rückgaberichtlinien und Kommunikationskanäle, um sicherzustellen, dass sie Ihren Geschäftsanforderungen entsprechen. Legen Sie mit Ihren Lieferanten klare Bedingungen und Erwartungen fest und pflegen Sie eine offene Kommunikation, um eventuell auftretende Probleme oder Bedenken anzusprechen.

Lagerbestand verwalten

Während beim Dropshipping die Lagerung und Verwaltung physischer Bestände überflüssig wird, ist es wichtig, die Produktverfügbarkeit und Lagerbestände im Auge zu behalten, um Überverkäufe oder Fehlbestände zu vermeiden. Verwenden Sie Bestandsverwaltungssoftware oder E-Commerce-Plattformen mit integrierten Bestandsverfolgungsfunktionen, um Produktmengen, eingehende Lieferungen und Bestellstatus in Echtzeit zu überwachen. Richten Sie automatische Benachrichtigungen für niedrige Lagerbestände oder nicht vorrätige Artikel ein, um den Lagerbestand umgehend aufzufüllen. Bauen Sie Beziehungen zu mehreren Lieferanten auf, um Ihr Produktangebot zu diversifizieren und Risiken in der Lieferkette zu mindern.

Zusammenfassend lässt sich sagen, dass E-Commerce und Dropshipping lukrative

Möglichkeiten für Unternehmer bieten, Online-Unternehmen mit minimalen Vorabinvestitionen zu gründen und auszubauen. Durch die Wahl der richtigen Nische, der Auswahl hochwertiger Produkte und der Nutzung der richtigen Plattformen können Sie einen erfolgreichen E-Commerce-Shop aufbauen und Kunden weltweit erreichen. Dropshipping bietet einen risikoarmen und kostengünstigen Einstieg in den E-Commerce, sodass Sie sich auf Marketing, Vertrieb und Kundenservice konzentrieren können, während Sie die Logistik Drittanbietern überlassen. Durch die Suche nach zuverlässigen Lieferanten und eine effektive Bestandsverwaltung können Sie Ihre Dropshipping-Abläufe optimieren und ein profitables Online-Geschäft aufbauen.

Kapitel 3

Online-Nachhilfe und -Unterricht

Werden Sie Online-Tutor

Gefragte Themen

Sprachen

Online-Sprachnachhilfe ist sehr gefragt, da Menschen auf Reisen, bei der Arbeit oder zur persönlichen Bereicherung neue Sprachen lernen möchten. Beliebte Sprachen sind Englisch, Spanisch, Mandarin, Französisch und Deutsch. Nachhilfelehrer können sich auf das Unterrichten von Konversation, Grammatik, Wortschatz oder auf die Prüfungsvorbereitung für Sprachprüfungen wie TOEFL oder IELTS spezialisieren. Die zunehmende Globalisierung und digitale Kommunikation haben die Nachfrage nach Sprachlehrern erhöht, die Lernenden weltweit flexiblen, personalisierten Unterricht bieten können.

MINT-Fächer

MINT-Fächer (Naturwissenschaften, Technik, Ingenieurwesen und Mathematik) sind gefragt, da immer mehr Studenten in diesen Bereichen herausragende Leistungen erbringen möchten, um sich schulisch und beruflich weiterzuentwickeln. Online-MINT-Tutoren können ein breites Themenspektrum abdecken, darunter Mathematik, Physik, Chemie, Biologie, Informatik und Ingenieurwissenschaften. Tutoren helfen Schülern oft bei Hausaufgaben, Prüfungsvorbereitung und konzeptionellem Verständnis durch interaktiven Unterricht, Problemlösungsübungen und virtuelle Simulationen.

Test-Vorbereitungen

Nachhilfe zur Prüfungsvorbereitung ist eine weitere lukrative Nische, in der Studierende Hilfe suchen, um bei standardisierten Tests wie SAT, ACT, GRE, GMAT und LSAT höhere Ergebnisse zu erzielen. Online-Tutoren können personalisierten Unterricht, Übungstests und Strategien anbieten, um Schülern dabei zu helfen, ihre Fähigkeiten und ihr Selbstvertrauen bei der Durchführung von Tests zu verbessern. Die Tutoren können sich auf bestimmte Abschnitte der Prüfung spezialisieren oder umfassende Vorbereitungspakete anbieten, die auf die individuellen Bedürfnisse der Studierenden zugeschnitten sind.

Plattformen

Tutor.com

Tutor.com ist eine führende Online-Nachhilfeplattform, die personalisierte Nachhilfedienste in einer Vielzahl von Fächern anbietet, darunter Mathematik, Naturwissenschaften, Englisch und Prüfungsvorbereitung. Die Tutoren arbeiten mit Schülern jeden Alters und jeder Fähigkeitsstufe, von der Grundschule bis zum College. Die Plattform bietet Tools für die Planung von Sitzungen, die Durchführung von Unterrichtsstunden per Live-Chat und den Zugriff auf Bildungsressourcen. Die Tutoren durchlaufen einen strengen Auswahlprozess und erhalten Schulungen und Unterstützung, um die Qualität des Unterrichts sicherzustellen.

VIPs

VIPKid ist eine beliebte Plattform für den Englischunterricht für Studenten in China. Tutoren, sogenannte „Lehrer", erteilen chinesischen Kindern im Alter von 4 bis 12 Jahren Einzelunterricht in Englisch in einer virtuellen Klassenzimmerumgebung. VIPKid bietet Unterrichtspläne, Lehrplanmaterialien und eine benutzerfreundliche Unterrichtsplattform. Tutoren können ihren eigenen Zeitplan festlegen und von jedem Ort mit Internetverbindung aus arbeiten. Die Plattform bietet eine wettbewerbsfähige Bezahlung sowie Möglichkeiten zur beruflichen Weiterentwicklung und zum Aufstieg.

Chegg

Chegg ist eine Online-Bildungsplattform, die Schüler mit Nachhilfelehrern für Hausaufgabenhilfe und Nachhilfestunden auf Abruf verbindet. Die Tutoren decken ein breites Spektrum an Fächern ab, darunter Mathematik, Naturwissenschaften, Wirtschaft und Geisteswissenschaften. Studenten können durch Live-Chat, Videoanrufe und Dokumentenaustausch Hilfe bei Hausaufgabenproblemen,

Prüfungsvorbereitung und konzeptionellem Verständnis erhalten. Tutoren können ihre Preise und Verfügbarkeit selbst festlegen und über die Plattform Zahlungen für ihre Dienste erhalten.

Erstellen und Verkaufen von Online-Kursen

Plattformen zur Kurserstellung

Udemy

Udemy ist einer der größten Online-Kursmarktplätze und bietet Dozenten eine Plattform zum Erstellen und Verkaufen von Kursen zu praktisch jedem Thema. Kursersteller können ihren Lehrplan entwerfen, Videovorlesungen aufzeichnen und Kursmaterialien auf die Plattform hochladen. Udemy bietet Tools zur Kurswerbung, zur Einbindung der Studierenden und zur Umsatzverfolgung. Kursleiter können ihre eigenen Preise und Rabatte festlegen und Zahlungen basierend auf Kursverkäufen erhalten.

Lehrbar

Teachable ist eine beliebte Plattform zum Erstellen und Verkaufen von Online-Kursen und bietet anpassbare Kurs-Websites, integrierte Zahlungsabwicklung und fortschrittliche Marketing-Tools. Dozenten können eigene Kursseiten erstellen, Multimedia-Inhalte hosten und über Diskussionsforen und Nachrichten mit Studenten interagieren. Teachable kümmert sich um die Kursdurchführung, die Einschreibung der Studierenden und die Zahlungsabwicklung, sodass sich die Dozenten auf die Erstellung hochwertiger Inhalte und die Interaktion mit ihrem Publikum konzentrieren können.

Coursera

Coursera ist eine Online-Lernplattform, die mit Universitäten und Organisationen zusammenarbeitet, um Kurse, Zertifikate und Studiengänge anzubieten. Dozenten können in Zusammenarbeit mit dem Netzwerk von Bildungseinrichtungen von Coursera Kurse erstellen und ein globales Publikum von Lernenden erreichen. Coursera bietet Unterstützung bei der Gestaltung, Produktion und Durchführung von Kursen sowie Tools für die Bewertung, Zertifizierung und das Engagement der Studierenden. Dozenten erhalten Lizenzgebühren basierend auf Kursanmeldungen und -abschlüssen.

Vermarktung und Verkauf Ihres Kurses

Zielgruppenforschung

Führen Sie vor der Erstellung Ihres Online-Kurses eine Marktforschung durch, um Ihre Zielgruppe zu identifizieren, ihre Bedürfnisse und Vorlieben zu verstehen und die Nachfrage nach Ihrem Thema einzuschätzen. Nutzen Sie Umfragen, Interviews und Keyword-Recherchen, um Einblicke in die Schwachstellen und Interessen Ihrer Zielgruppe zu gewinnen. Passen Sie Ihre Kursinhalte und Marketingbotschaften an diese Bedürfnisse an und positionieren Sie Ihren Kurs als Lösung für ihre Probleme.

Branding und Positionierung

Schaffen Sie eine starke Markenidentität für Ihren Kurs, um sich in einem überfüllten Markt von der Masse abzuheben. Erstellen Sie einen überzeugenden Kurstitel, einen Slogan und eine visuelle Identität, die das Wertversprechen widerspiegeln und Ihre Zielgruppe ansprechen. Kommunizieren Sie klar die Vorteile und Ergebnisse Ihres Kurses und heben Sie ihn von Konkurrenzangeboten ab. Positionieren Sie sich als Experte auf Ihrem Gebiet und bauen Sie Glaubwürdigkeit durch Erfahrungsberichte, Fallstudien und Social Proof auf.

Erstellung und Produktion von Inhalten

Erstellen Sie hochwertige Kursinhalte, die einen Mehrwert bieten und Ihre Studenten begeistern. Entwickeln Sie einen umfassenden Lehrplan, der Schlüsselkonzepte, Fähigkeiten und Lernziele abdeckt. Nutzen Sie verschiedene Multimediaformate wie Videovorträge, Diashows, Quizze und herunterladbare Ressourcen, um unterschiedlichen Lernstilen gerecht zu werden. Investieren Sie in professionelle Produktionsausrüstung und

Setzen Sie die Software fort, um sicherzustellen, dass Ihre Kursmaterialien gut produziert und optisch ansprechend sind. Nehmen Sie Videovorträge in einer ruhigen, gut beleuchteten Umgebung mit klarem Ton und Bild auf. Verwenden Sie Bildschirmaufnahmesoftware wie Camtasia oder OBS Studio, um Tutorials und Demonstrationen zu erstellen. Bearbeiten Sie Ihre Videos, um Fehler oder Ablenkungen zu beseitigen und die Gesamtqualität Ihrer Inhalte zu verbessern.

Kursförderung

Die Werbung für Ihren Online-Kurs ist unerlässlich, um Studenten anzulocken und Umsätze zu generieren. Entwickeln Sie einen Marketingplan, der Strategien zum Erreichen Ihrer Zielgruppe über verschiedene Kanäle wie soziale Medien, E-Mail-Marketing, Content-Marketing und bezahlte Werbung umfasst. Erstellen Sie überzeugende Werbematerialien wie Landingpages, E-Mail-Kampagnen, Blogbeiträge und Social-Media-Beiträge, um den Wert Ihres Kurses hervorzuheben und Anmeldungen zu fördern.

Startstrategie

Planen Sie eine Einführungsstrategie, um Spannung und Dynamik für die Veröffentlichung Ihres Kurses zu erzeugen. Schaffen Sie Vorfreude, indem Sie Kursinhalte ansprechen, Einblicke gewähren und Frühbucherrabatten oder Prämien für Frühbucher anbieten. Nutzen Sie Ihr bestehendes Netzwerk und Ihre Verbindungen, um Ihren Kurs bekannt zu machen und Empfehlungen zu fördern. Erwägen Sie, ein Live-Webinar oder eine virtuelle Veranstaltung zu veranstalten, um Ihren Kurs vorzustellen und Fragen potenzieller Studierender zu beantworten.

Kundenbindung und -unterstützung

Sobald Ihr Kurs online ist, konzentrieren Sie sich darauf, Ihren Studenten exzellenten Kundenservice und Support zu bieten. Reagieren Sie auf Anfragen, Feedback und Bitten um Unterstützung. Fördern Sie das Gemeinschaftsgefühl unter Ihren Schülern, indem Sie Diskussionsforen einrichten, Live-Frage-und-Antwort-Sitzungen veranstalten und die Peer-to-Peer-Interaktion ermöglichen. Fördern Sie die aktive Teilnahme und das Engagement, um die Lernerfahrung zu verbessern und die Zufriedenheit der Schüler zu erhöhen.

Iterative Verbesserung

Überwachen und bewerten Sie kontinuierlich die Leistung Ihres Kurses, um Bereiche für Verbesserungen und Optimierungen zu identifizieren. Analysieren Sie das Feedback der Studierenden, die Kursabschlussquoten und die Kennzahlen zum Engagement, um die Wirksamkeit Ihrer Inhalte und Lehrmethoden zu messen. Nehmen Sie bei Bedarf Anpassungen vor, um auf die Bedürfnisse der Studierenden einzugehen, veraltetes Material zu aktualisieren und die Gesamtqualität Ihres Kurses zu verbessern. Erwägen Sie, regelmäßige Updates,

Bonusinhalte oder ergänzende Ressourcen anzubieten, um Ihre Kursinhalte aktuell und relevant zu halten.

Skalieren Sie Ihr Kursgeschäft

Wenn Ihr Online-Kursgeschäft wächst, erkunden Sie Möglichkeiten zur Skalierung und Erweiterung Ihres Angebots. Erwägen Sie die Erstellung zusätzlicher Kurse zu verwandten Themen oder die Ansprache verschiedener Zielgruppensegmente. Experimentieren Sie mit Preisstrategien, Bündelungsoptionen und Abonnementmodellen, um Umsatz und Rentabilität zu maximieren. Investieren Sie in Automatisierung und Delegation, um Kursverwaltungsaufgaben zu rationalisieren und Zeit für strategische Wachstumsinitiativen zu gewinnen. Arbeiten Sie mit anderen Dozenten oder Industriepartnern zusammen, um Joint Ventures oder Partnerprogramme zu gründen und neue Zielgruppen zu erreichen.

Zusammenfassend lässt sich sagen, dass Online-Nachhilfe und -Unterricht flexible und lukrative Möglichkeiten für Pädagogen bieten, ihr Fachwissen zu teilen, mit Studenten in Kontakt zu treten und von überall auf der Welt Einnahmen zu erzielen.

Unabhängig davon, ob Sie sich dafür entscheiden, Online-Tutor zu werden, Online-Kurse zu erstellen und zu verkaufen oder beides, stehen Ihnen zahlreiche Plattformen und Ressourcen zur Verfügung, die Sie auf Ihrem Weg unterstützen. Durch die Nutzung der richtigen Plattformen, die Erstellung hochwertiger Inhalte und die Umsetzung effektiver Marketing- und Vertriebsstrategien können Sie ein erfolgreiches Online-Nachhilfe- und Lehrunternehmen aufbauen und einen positiven Einfluss auf das Leben Ihrer Schüler haben.

Kapitel 4

Remote-Beratung und Coaching

Beratungsleistungen

Identifizieren Sie Ihr Fachwissen

Selbsteinschätzung

Die Identifizierung Ihrer Expertise ist der erste Schritt zum Aufbau eines erfolgreichen Beratungsunternehmens. Führen Sie zunächst eine Selbsteinschätzung durch, um Ihre Fähigkeiten, Kenntnisse und Erfahrungen in einem bestimmten Bereich oder einer bestimmten Branche zu ermitteln. Denken Sie über Ihren beruflichen Hintergrund, Ihre Bildungsabschlüsse sowie Ihre Leidenschafts- und Interessengebiete nach. Berücksichtigen Sie Ihre Stärken, Schwächen und einzigartigen Erkenntnisse, die Sie Ihren Kunden bieten können. Suchen Sie nach Möglichkeiten, Ihr Fachwissen zu nutzen, um spezifische Probleme zu lösen oder unerfüllte Bedürfnisse auf dem Markt zu erfüllen.

Marktforschung

Führen Sie Marktforschung durch, um die Nachfrage nach Ihren Beratungsdienstleistungen zu ermitteln und den Wettbewerb in Ihrer Nische einzuschätzen. Identifizieren Sie Zielbranchen, Marktsegmente und potenzielle Kunden, die von Ihrem Fachwissen profitieren könnten. Analysieren Sie Branchentrends, Herausforderungen und Chancen, um sich als wertvolle Ressource zu positionieren und Ihre Dienstleistungen von der Konkurrenz abzuheben. Suchen Sie nach Marktlücken, in denen Ihre Fähigkeiten und Erfahrungen einzigartige Werte und Lösungen bieten können.

Aufbau eines Kundenstamms und Festlegen von Tarifen

Vernetzung und Öffentlichkeitsarbeit

Der Aufbau eines Kundenstamms erfordert proaktives Networking und Outreach, um mit potenziellen Kunden in Kontakt zu treten und Beziehungen aufzubauen. Nehmen Sie an Branchenveranstaltungen, Konferenzen und Networking-Gruppen teil, um Fachleute in Ihrem Zielmarkt zu treffen. Treten Sie Online-Communities, Foren und Social-

Media-Gruppen mit Bezug zu Ihrer Branche bei, um mit Kollegen und Interessenten in Kontakt zu treten. Bieten Sie wertvolle Einblicke, teilen Sie relevante Inhalte und nehmen Sie an Gesprächen teil, um Glaubwürdigkeit und Sichtbarkeit aufzubauen. Nutzen Sie Ihr bestehendes Netzwerk und Ihre Verbindungen, um potenzielle Kunden um Empfehlungen und Vorstellungen zu bitten.

Tarife festlegen

Bei der Festlegung der Preise für Ihre Beratungsleistungen müssen Faktoren wie Ihr Fachwissen, die Marktnachfrage, der Wettbewerb und der Wert, den Sie Ihren Kunden bieten, sorgfältig berücksichtigt werden. Informieren Sie sich über Branchenstandards und Benchmarks, um die typischen Preise für Beratungsdienstleistungen in Ihrer Nische zu verstehen. Berücksichtigen Sie bei der Festlegung Ihrer Tarife Ihr Erfahrungsniveau, Ihre Qualifikationen und Ihre Erfolgsbilanz. Berücksichtigen Sie bei der Berechnung Ihrer Stunden- oder Projektsätze Gemeinkosten wie Steuern, Versicherungen und Geschäftsausgaben. Seien Sie gegenüber Ihren Kunden transparent und offen über Ihre Preisstruktur und Abrechnungsbedingungen, um Missverständnisse und Konflikte zu vermeiden.

Lebens- und Karrierecoaching

Zertifizierung und Schulung

Zertifizierungsprogramme

Wenn Sie ein zertifizierter Lebens- oder Karriere-Coach werden, können Sie Ihre Glaubwürdigkeit, Ihre Fähigkeiten und Ihre Marktfähigkeit in der Coaching-Branche verbessern. Erwägen Sie die Anmeldung zu akkreditierten Coaching-Zertifizierungsprogrammen, die von renommierten Organisationen und Institutionen angeboten werden. Suchen Sie nach Programmen, die zu Ihrer Coaching-Philosophie, Methodik und Ihren Spezialgebieten passen. Zertifizierungsprogramme decken in der Regel Themen wie Coaching-Grundlagen, Ethik, Kommunikationsfähigkeiten, Zielsetzung und Kundenmanagement ab. Der Abschluss eines Zertifizierungsprogramms zeigt Ihr Engagement für Professionalität, Ethik und kontinuierliche berufliche Weiterentwicklung als Coach.

Weiterbildung

Kontinuierliche Ausbildung und berufliche Weiterentwicklung sind für Trainer von entscheidender Bedeutung, um über Branchentrends, Best Practices und neue Forschungsergebnisse auf dem Laufenden zu bleiben. Nehmen Sie an Workshops, Seminaren, Webinaren und Konferenzen teil, um Ihr Wissen und Ihre Fähigkeiten im Coaching und verwandten Bereichen zu erweitern. Suchen Sie nach Mentoring und Supervision durch erfahrene Coaches oder Branchenexperten, um Einblicke, Feedback und Unterstützung für Ihre Coaching-Praxis zu erhalten. Investieren Sie in Bücher, Online-Kurse und Coaching-Ressourcen, um Ihr Fachwissen zu vertiefen und die Wirksamkeit Ihres Coachings zu verbessern.

Entwicklung von Coaching-Programmen und Kundenakquise

Coaching-Programme definieren

Bei der Entwicklung von Coaching-Programmen müssen Sie Ihre Coaching-Nische, Ihre Zielgruppe und Ihre Coaching-Methoden definieren. Identifizieren Sie Ihre Spezialgebiete, z. B. Karrierecoaching, Führungskräfteentwicklung, persönliches

Wachstum oder Wellness-Coaching. Definieren Sie die Ergebnisse, Ziele und Ziele Ihrer Coaching-Programme, um sie an den Bedürfnissen und Wünschen Ihrer Zielkunden auszurichten. Entwerfen Sie strukturierte Coaching-Programme mit klaren Rahmenwerken, Prozessen und Übungen, um Kunden zu den gewünschten Ergebnissen und zur gewünschten Transformation zu führen.

Strategien zur Kundenakquise

Um als Coach Kunden zu gewinnen, ist eine Kombination aus Marketing-, Networking- und Kundenbindungsstrategien erforderlich, um Kunden zu gewinnen und zu binden. Entwickeln Sie eine überzeugende Markenidentität und -botschaft, die Ihr einzigartiges Wertversprechen kommuniziert und bei Ihrer Zielgruppe Anklang findet. Erstellen Sie eine professionelle Coaching-Website und Online-Präsenz, um Ihr Fachwissen, Ihre Dienstleistungen, Erfahrungsberichte und Erfolgsgeschichten Ihrer Kunden zu präsentieren. Bieten Sie kostenlose Ressourcen wie E-Books, Webinare oder Bewertungen an, um Leads zu gewinnen und Ihre E-Mail-Liste aufzubauen.

Kundenermittlung und Beratungen

Kundenfindung und -beratung sind unerlässlich, um die Bedürfnisse, Ziele und Herausforderungen des Kunden zu verstehen und festzustellen, ob zwischen Ihnen und dem Kunden eine gute Übereinstimmung besteht. Bieten Sie potenziellen Kunden kostenlose Erstgespräche oder Beratungen an, um ihre Coaching-Ziele zu besprechen, ihre Coaching-Bereitschaft einzuschätzen und herauszufinden, wie Sie sie unterstützen können. Stellen Sie bohrende Fragen, hören Sie aktiv zu und zeigen Sie Empathie und Verständnis, um eine Beziehung und Vertrauen zu potenziellen Kunden aufzubauen. Formulieren Sie klar und deutlich die Vorteile von Coaching und wie Ihr Coaching-Ansatz Kunden dabei helfen kann, die gewünschten Ergebnisse zu erzielen.

Kunden-Onboarding und -Engagement

Sobald Sie Kunden gewonnen haben, konzentrieren Sie sich darauf, ein positives Onboarding-Erlebnis und kontinuierliche Unterstützung zu bieten, um die Kundenbindung und -zufriedenheit zu steigern. Entwickeln Sie personalisierte Coaching-Pläne und -Vereinbarungen, die

die Erwartungen, Ziele und Verantwortlichkeiten sowohl für Sie als auch für den Kunden darlegen. Richten Sie klare Kommunikationskanäle und Planungsverfahren für Coaching-Sitzungen, Fortschrittsüberprüfungen und Überprüfungen der Verantwortlichkeit ein. Nutzen Sie Coaching-Tools und -Techniken wie Beurteilungen, Journaling und Aktionspläne, um das Wachstum des Klienten und den Fortschritt in Richtung seiner Ziele zu fördern. Ermutigen Sie zu offenem Dialog, Feedback und Reflexion, um eine kooperative Coaching-Beziehung aufrechtzuerhalten und den Erfolg des Kunden sicherzustellen.

Zusammenfassend lässt sich sagen, dass Remote-Beratung und -Coaching lohnende Möglichkeiten für Fachleute bieten, ihr Fachwissen weiterzugeben, anderen beim Erreichen ihrer Ziele zu helfen und erfolgreiche Unternehmen aufzubauen. Ganz gleich, ob Sie sich für die Beratung in Ihrem Fachgebiet entscheiden oder sich als zertifizierter Coach mit Spezialisierung auf Lebens- und Karrierecoaching entscheiden – es gibt zahlreiche Wege zum Erfolg. Indem Sie Ihre Nische identifizieren, einen Kundenstamm aufbauen und Ihren Kunden einen Mehrwert bieten, können Sie eine erfüllende und profitable Karriere als Remote-Berater oder Coach aufbauen.

Kapitel 5

Immobilieninvestitionen

Einführung in Immobilieninvestitionen

Arten von Immobilieninvestitionen

Wohnimmobilien

Bei Investitionen in Wohnimmobilien handelt es sich um den Erwerb von Immobilien wie Einfamilienhäusern, Eigentumswohnungen, Reihenhäusern oder Mehrfamilienhäusern mit dem Ziel, diese zu vermieten oder weiterzuverkaufen. Wohnimmobilien bieten stabile Mieteinnahmen und langfristiges Wertsteigerungspotenzial und sind daher eine beliebte Wahl für Einsteiger.

Gewerbeimmobilien

Zu den Gewerbeimmobilien zählen Immobilien, die für geschäftliche Zwecke genutzt werden, beispielsweise Bürogebäude, Einzelhandelsflächen, Lagerhallen und Industrieanlagen. Investitionen in Gewerbeimmobilien bieten ein höheres Renditepotenzial, sind aber auch mit höheren Risiken und Kapitalanforderungen verbunden. Investoren können durch die Vermietung von Flächen an Unternehmen Mieteinnahmen erzielen oder durch Immobilienwertsteigerung und -sanierung Gewinne erzielen.

Real Estate Investment Trusts (REITs)

Real Estate Investment Trusts (REITs) sind Unternehmen, die ertragsbringende Immobilien in verschiedenen Sektoren besitzen, betreiben oder finanzieren, darunter Wohn-, Gewerbe- und Industrieimmobilien sowie Gesundheitseinrichtungen, Hotels und Infrastrukturprojekte. REITs ermöglichen es Anlegern, ihr Kapital zu bündeln und in Immobilien zu investieren, ohne Immobilien direkt zu besitzen oder zu verwalten. REITs bieten Diversifikations-, Liquiditäts- und Steuervorteile und sind damit eine attraktive Option für passive Immobilieninvestoren.

Erste Schritte mit wenig Kapital

Bildung und Forschung

Der Einstieg in Immobilieninvestitionen erfordert ein solides Verständnis des Marktes, der Anlagestrategien und der

Finanzgrundsätze. Bilden Sie sich weiter, indem Sie Bücher lesen, Seminare besuchen und Online-Kurse zum Thema Immobilieninvestitionen belegen. Informieren Sie sich über die lokalen Marktbedingungen, Immobilienwerte, Mietpreise und Investitionsmöglichkeiten in Ihrem Zielgebiet. Vernetzen Sie sich mit erfahrenen Investoren, Immobilienfachleuten und Branchenexperten, um Einblicke und Ratschläge für den Einstieg mit begrenztem Kapital zu erhalten.

Kreative Finanzierungsmöglichkeiten

Während Immobilieninvestitionen in der Regel erhebliches Kapital erfordern, stehen Anlegern mit begrenzten Mitteln mehrere kreative Finanzierungsmöglichkeiten zur Verfügung:

- **Großhandel:** Beim Großhandel geht es darum, vergünstigte Objekte zu finden und den Kaufvertrag gegen eine Gebühr an einen anderen Käufer zu übertragen. Der Großhandel erfordert minimales Anfangskapital, erfordert aber ausgeprägte Verhandlungs- und Marketingfähigkeiten.

- **Verkäuferfinanzierung:** Mit der Verkäuferfinanzierung können Anleger Immobilien ohne oder mit geringer Anzahlung erwerben, indem sie die Finanzierungsbedingungen direkt mit dem Verkäufer aushandeln. Dies kann Leasingoptionen, Rücktragshypotheken des Verkäufers oder vorbehaltliche Transaktionen umfassen.
- **Joint Ventures:** Die Zusammenarbeit mit anderen Investoren oder Kreditgebern über Joint Ventures oder Private-Equity-Partnerschaften kann den Zugang zu Kapital und Fachwissen für Immobiliengeschäfte ermöglichen.

Fangen Sie klein an und erweitern Sie es

Beginnen Sie Ihre Immobilieninvestitionsreise, indem Sie klein anfangen und schrittweise expandieren, während Sie Erfahrung und Selbstvertrauen gewinnen. Erwägen Sie die Investition in kostengünstige Immobilien wie Einfamilienhäuser oder kleine Mehrfamilienhäuser in erschwinglichen Märkten mit starker Mietnachfrage. Konzentrieren Sie sich auf den Aufbau eines Portfolios von Cashflow-Immobilien, die passives Einkommen generieren und langfristiges Wertsteigerungspotenzial bieten. Reinvestieren Sie Gewinne aus Ihren Anfangsinvestitionen, um zukünftige Akquisitionen zu finanzieren und Ihr Immobilienportfolio im Laufe der Zeit zu erweitern.

Mietobjekte und House Flipping

Suche nach Immobilien und Finanzierungsmöglichkeiten

Immobilien finden

Die Suche nach geeigneten Anlageimmobilien erfordert eine Kombination aus Marktforschung, Networking und Prospektionsstrategien:

- **MLS-Einträge:** Suchen Sie nach Immobilien, die im Multiple Listing Service (MLS) oder auf Online-Immobilienmarktplätzen wie Zillow, Realtor.com oder Redfin gelistet sind.
- **Off-Market-Angebote:** Suchen Sie über Networking, Direktmailing-Kampagnen oder die direkte Kontaktaufnahme mit Immobilieneigentümern nach nicht

auf dem Markt befindlichen Immobilien.
- **Zwangsvollstreckungen und Auktionen:** Nehmen Sie an Zwangsversteigerungen teil oder suchen Sie nach notleidenden Immobilien, die zu ermäßigten Preisen verfügbar sind.
- **Immobiliengroßhändler:** Bauen Sie Beziehungen zu Immobiliengroßhändlern auf, die sich darauf spezialisiert haben, günstige Immobilien zu finden und diese zu Großhandelspreisen an Investoren zu verkaufen.

Finanzierungsmöglichkeiten

Um die Finanzierung von Immobilieninvestitionen sicherzustellen, müssen verschiedene Finanzierungsmöglichkeiten geprüft werden, die auf Ihre Anlagestrategie und finanzielle Situation zugeschnitten sind:

- **Traditionelle Hypotheken:** Erhalten Sie eine Finanzierung bei Banken, Kreditgenossenschaften oder Hypothekengebern, indem Sie sich auf der Grundlage Ihrer Bonität und Ihres Einkommens ein

herkömmliches Hypothekendarlehen sichern.
- **Private Kreditgeber:** Leihen Sie sich Mittel von Privatpersonen oder Hartgeldgebern, die sich auf Immobilienkredite spezialisiert haben und kurzfristige Finanzierungen mit höheren Zinssätzen und flexiblen Konditionen anbieten.
- **Verkäuferfinanzierung:** Verhandeln Sie die Finanzierungsbedingungen direkt mit dem Verkäufer, z. B. eine Rücktragshypothek oder eine Leasingoption, um die Immobilie mit geringer oder keiner Anzahlung zu erwerben.
- **Selbstverwaltete IRA oder 401(k):** Nutzen Sie Pensionsfonds, um über ein selbstverwaltetes IRA- oder 401(k)-Konto in Immobilien zu investieren, sodass Sie von Steuervorteilen und potenziellem Investitionswachstum profitieren können.

Vermietungen verwalten und Häuser gewinnbringend verkaufen

Mietobjektverwaltung

Die Verwaltung von Mietobjekten erfordert effektive Immobilienverwaltungspraktiken, um den Cashflow und die Mieterzufriedenheit zu maximieren:

- **Mieterscreening:** Überprüfen Sie potenzielle Mieter sorgfältig, indem Sie Hintergrundüberprüfungen durchführen, das Einkommen überprüfen und die Miethistorie überprüfen, um qualifizierte und zuverlässige Mieter zu finden.
- **Mietverträge:** Verwenden Sie schriftliche Mietverträge, um klare Bedingungen für die Mietvereinbarung festzulegen, einschließlich Miethöhe, Mietdauer und Pflichten des Mieters.
- **Grundstückspflege:** Halten Sie die Immobilie regelmäßig instand, indem Sie routinemäßige Inspektionen, Reparaturen und Wartungsarbeiten durchführen, um Sicherheit, Funktionalität und Mieterzufriedenheit zu gewährleisten.
- **Mietinkasso und Buchhaltung:** Sammeln Sie Mietzahlungen zeitnah und korrekt ein und führen Sie detaillierte Finanzaufzeichnungen über Einnahmen und Ausgaben für

Steuerzwecke und die Finanzplanung.

House-Flipping-Strategien

Beim House Flipping geht es darum, notleidende Immobilien zu kaufen, sie zur Wertsteigerung zu renovieren und sie mit Gewinn zu verkaufen. Ein erfolgreicher House Flipping erfordert sorgfältige Planung, Ausführung und Risikomanagement:

- **Immobilienerwerb:** Finden Sie notleidende Immobilien mit Potenzial für Renovierung und Wertsteigerung durch Zwangsversteigerungen, bankeigene Angebote oder außerbörsliche Angebote.
- **Renovierung und Sanierung:** Renovieren Sie die Immobilie, um ihre Attraktivität, Funktionalität und Marktfähigkeit zu verbessern. Konzentrieren Sie sich auf kostengünstige Verbesserungen, die den höchsten Return on Investment bieten, wie z. B. Küchen- und Badezimmer-Upgrades, den Austausch von Bodenbelägen und kosmetische Verbesserungen.
- **Marketing und Vertrieb:** Vermarkten Sie die renovierte

Immobilie effektiv, um potenzielle Käufer anzulocken und den Verkaufspreis zu maximieren. Nutzen Sie professionelle Fotografie-, Inszenierungs- und Online-Marketingtechniken, um die Eigenschaften und Vorteile der Immobilie hervorzuheben.

- **Gewinnberechnung:** Berechnen Sie die potenzielle Gewinnspanne für jedes House-Flipping-Projekt, indem Sie die Anschaffungskosten, Renovierungskosten, Haltekosten und Verkaufskosten schätzen. Legen Sie realistische Gewinnziele und ein entsprechendes Budget fest, um eine positive Kapitalrendite sicherzustellen.

Zusammenfassend lässt sich sagen, dass Immobilieninvestitionen Anlegern vielfältige Möglichkeiten bieten, Vermögen aufzubauen, passives Einkommen zu generieren und finanzielle Freiheit zu erlangen. Ganz gleich, ob Sie sich für eine Investition in Mietobjekte für einen langfristigen Cashflow oder für eine Investition in Flip-Houses für kurzfristige Gewinne entscheiden, es stehen Ihnen Strategien und Finanzierungsoptionen zur Verfügung, die zu Ihren Investitionszielen und Ihrem Budget passen. Indem Sie sich weiterbilden, sich mit Branchenexperten vernetzen und kalkulierte Risiken eingehen, können Sie als Immobilieninvestor erfolgreich sein und im Laufe der Zeit ein lukratives Immobilienportfolio aufbauen.

Kapitel 6

Stockfotografie und Videografie

Verdienen Sie mit Stock-Fotografie

Gefragte Arten von Fotos

Kommerzielle Fotografie

Die kommerzielle Fotografie umfasst eine breite Palette von Themen und Themen, die für Marketing-, Werbe- und Verkaufsförderungszwecke verwendet werden. Zu den gängigen Arten der kommerziellen Fotografie gehören:

- **Lebensstil:** Bilder, die den Alltag, Aktivitäten und Szenarien auf natürliche und authentische Weise darstellen.
- **Geschäft und Finanzen:** Fotos mit Bezug zu Geschäfts-, Finanz- und Unternehmensumgebungen, z. B. Büroszenen, Besprechungen und Berufskleidung.

- **Nahrungsmittel und Getränke:** Hochwertige Bilder von Speisen, Getränken und kulinarischen Kreationen, die Texturen, Farben und Präsentation zeigen.
- **Reisen und Tourismus:** Fotos von Reisezielen, Sehenswürdigkeiten, Landschaften und Reiseerlebnissen, die ein Gefühl von Fernweh und Abenteuer wecken.

Natur- und Outdoorfotografie

Natur- und Outdoorfotografie fängt die Schönheit der natürlichen Welt ein, einschließlich Landschaften, Wildtiere, Pflanzen und Umweltszenen. Beliebte Motive in der Naturfotografie sind:

- **Landschaften:** Malerische Ausblicke auf Berge, Wälder, Strände und Naturwunder, die die Schönheit und Erhabenheit der Erde hervorheben.
- **Tierwelt:** Nahaufnahmen von Tieren, Vögeln, Insekten und Meereslebewesen in ihren natürlichen Lebensräumen, die Verhalten, Bewegung und Interaktionen zeigen.

- **Flora und Fauna:** Fotos von Blumen, Pflanzen, Bäumen und botanischen Elementen mit Betonung von Details, Farbe und Komposition.

Konzeptuelle und abstrakte Fotografie

Konzeptuelle und abstrakte Fotografie erforscht Themen, Ideen und Emotionen durch kreative Kompositionen, visuelle Metaphern und künstlerische Techniken. Beispiele für konzeptionelle Fotografiekonzepte sind:

- **Abstrakte Muster:** Bilder mit Mustern, Formen und Texturen, die in alltäglichen Gegenständen oder Umgebungen zu finden sind und oft durch kreative Rahmung oder Manipulation verändert werden.
- **Surrealismus:** Fotos, die die Realität und konventionelle Wahrnehmungen herausfordern, indem sie Elemente aus verschiedenen Kontexten kombinieren oder digitale Bearbeitungstechniken verwenden.
- **Minimalismus:** Einfache, klare Kompositionen mit Schwerpunkt auf negativem Raum, Geometrie und visueller Ausgewogenheit, um ein

Gefühl von Ruhe und Klarheit zu vermitteln.

Plattformen zum Verkauf von Fotos

Shutterstock

Shutterstock ist eine der größten und beliebtesten Stock-Fotografie-Plattformen und bietet Millionen hochwertiger Bilder, Illustrationen und Vektoren für die kommerzielle Nutzung. Fotografen können ihre Fotos auf den Marktplatz von Shutterstock hochladen und jedes Mal Lizenzgebühren verdienen, wenn ihre Bilder von Kunden lizenziert oder heruntergeladen werden. Shutterstock bietet Tools für Keyword-Tagging, Kategorisierung und Metadatenoptimierung, um die Auffindbarkeit und das Verkaufspotenzial zu verbessern.

Adobe Stock

Adobe Stock ist eine integrierte Stock-Fotografie-Plattform, die sich nahtlos in Adobe Creative Cloud-Anwendungen integrieren lässt, darunter Photoshop, Illustrator und InDesign. Fotografen können ihre Bilder direkt aus der Adobe-Software hochladen und Lizenzgebühren aus

Bildlizenzen und Downloads verdienen. Adobe Stock bietet einen globalen Marktplatz mit Millionen hochwertiger Fotos, Videos und Illustrationen für Kreativprofis und Unternehmen. Mitwirkende können über ihr Adobe Stock-Mitwirkendenkonto Verkäufe verfolgen, Leistungskennzahlen überwachen und Zahlungen erhalten.

Videografie für passives Einkommen

Erstellen und Verkaufen von Videoinhalten

Videoproduktionstechniken

Die Erstellung überzeugender Videoinhalte erfordert eine Kombination aus technischen Fähigkeiten, Kreativität und der Fähigkeit, Geschichten zu erzählen. Berücksichtigen Sie die folgenden Techniken und Best Practices für die Produktion hochwertiger Videos:

- **Storyboarding:** Planen Sie Ihre Videoinhalte im Voraus, indem Sie ein Storyboard oder eine Aufnahmeliste erstellen, um Szenen, Aufnahmen und Sequenzen zu

skizzieren. Storyboarding hilft dabei, Ihre Ideen zu organisieren, das Endprodukt zu visualisieren und Kontinuität und Kohärenz in Ihrer Erzählung sicherzustellen.
- **Kinematographie:** Achten Sie auf Komposition, Bildausschnitt, Beleuchtung und Kamerabewegung, um visuell ansprechende und ästhetisch ansprechende Aufnahmen zu erstellen. Experimentieren Sie mit verschiedenen Winkeln, Perspektiven und Brennweiten, um dynamisches und filmisches Filmmaterial aufzunehmen.
- **Schnitt und Postproduktion:** Verwenden Sie Videobearbeitungssoftware wie Adobe Premiere Pro, Final Cut Pro oder DaVinci Resolve, um Ihr Filmmaterial zu bearbeiten und zu verbessern. Schneiden Sie Clips zu, fügen Sie Übergänge hinzu, überlagern Sie Grafiken und passen Sie die Farbkorrektur an, um das gewünschte Erscheinungsbild Ihres Videos zu erzielen. Integrieren Sie Musik, Soundeffekte und Voiceovers, um das audiovisuelle Erlebnis zu verbessern und

Emotionen bei Ihrem Publikum zu wecken.

Archivmaterial und Bewegungsgrafiken

Stock Footage und animierte Grafiken bieten Videokünstlern wertvolle Ressourcen, um ihre Projekte zu verbessern und Produktionsabläufe zu optimieren. Erwägen Sie die Erstellung und den Verkauf der folgenden Arten von Videoinhalten:

- **B-Roll-Filmmaterial:** Hochwertige Videoclips alltäglicher Szenen, Aktivitäten und Umgebungen, die als ergänzendes Filmmaterial in Videoprojekten verwendet werden können.
- **Bewegungsgrafiken:** Animierte Grafiken, visuelle Effekte und Typografie, die Videos, Präsentationen und Werbeinhalten dynamische Bewegung und visuelles Interesse verleihen.
- **Spezialisierte Inhalte:** Nischenspezifische Videoinhalte, die auf bestimmte Branchen, Themen oder Zielgruppen zugeschnitten sind, z. B. Gesundheitswesen, Technologie, Bildung oder Lebensstil.

Markttrends und Chancen

Bleiben Sie über aktuelle Trends, neue Technologien und Marktanforderungen in der Videoproduktionsbranche informiert, um Möglichkeiten für die Erstellung und den Verkauf von Videoinhalten zu identifizieren:

- **Anspruch an Authentizität:** Authentische, nachvollziehbare Inhalte, die beim Publikum auf persönlicher Ebene Anklang finden, erfreuen sich weiterhin großer Nachfrage. Konzentrieren Sie sich auf das Geschichtenerzählen, menschliche Erfahrungen und emotionale Verbindungen, um die Zuschauer einzubeziehen und das Engagement zu fördern.
- **Kurze Videoinhalte:** Kurze Videoinhalte, darunter TikTok-Videos, Instagram Stories und YouTube Shorts, erfreuen sich zunehmender Beliebtheit bei Zielgruppen, die mundgerechte, leicht verdauliche Inhalte bevorzugen, die schnell auf Mobilgeräten konsumiert werden können.
- **Fernarbeit und virtuelle Veranstaltungen:** Mit der Zunahme

von Remote-Arbeit und virtuellen Veranstaltungen steigt die Nachfrage nach Videoinhalten im Zusammenhang mit Remote-Zusammenarbeit, virtuellen Meetings, Online-Lernen und digitalen Erlebnissen.

Best Practices und Markttrends

Qualität vor Quantität

Konzentrieren Sie sich auf die Erstellung hochwertiger Videoinhalte, die professionellen Standards entsprechen und die Erwartungen der Kunden übertreffen. Investieren Sie in hochwertige Ausrüstung, einschließlich Kameras, Objektive, Mikrofone und Beleuchtung, um gestochen scharfe, klare Aufnahmen mit hervorragender Audio- und Bildqualität aufzunehmen. Achten Sie auf Details wie Komposition, Bildausschnitt, Fokus und Belichtung, um professionell aussehende Ergebnisse zu erzielen.

Keyword-Optimierung und Metadaten

Optimieren Sie Ihre Videoinhalte für Suchmaschinen und Discovery-Plattformen, indem Sie relevante Schlüsselwörter, Tags und Metadaten verwenden. Fügen Sie beschreibende Titel, detaillierte Beschreibungen und relevante Tags hinzu, die den Inhalt und Kontext Ihrer Videos genau widerspiegeln. Verwenden Sie Keyword-Recherchetools und Analysen, um beliebte Suchbegriffe zu identifizieren und Ihre Videos für maximale Sichtbarkeit und Präsenz zu optimieren.

Diversifizieren Sie Ihr Portfolio

Diversifizieren Sie Ihr Videoinhaltsportfolio, indem Sie verschiedene Inhaltstypen, Stile und Formate erstellen, um unterschiedliche Zielgruppen und Marktsegmente anzusprechen. Experimentieren Sie mit verschiedenen Genres, Themen und Themen, um neue kreative Möglichkeiten zu erkunden und Ihre Reichweite zu vergrößern. Erwägen Sie, eine Mischung aus Archivmaterial, animierten Grafiken, Tutorials, Vlogs und Werbevideos anzubieten, um den unterschiedlichen Bedürfnissen und Vorlieben der Kunden gerecht zu werden.

Bleiben Sie flexibel und passen Sie sich an

Bleiben Sie flexibel und anpassungsfähig, um auf sich ändernde Markttrends, Kundenpräferenzen und

Branchenentwicklungen zu reagieren. Überwachen Sie die Marktdynamik, die Aktivitäten der Wettbewerber und das Kundenfeedback, um Chancen und Herausforderungen in der Videoproduktionsbranche zu identifizieren.

Passen Sie Ihre Strategie für Videoinhalte und Ihre Produktionsabläufe entsprechend an, um immer einen Schritt voraus zu sein und den sich ändernden Anforderungen gerecht zu werden. Nutzen Sie neue Technologien, Tools und Plattformen, die Ihre kreativen Fähigkeiten verbessern und Ihre Produktionsprozesse optimieren. Bleiben Sie über neue Trends in der Videoproduktion wie Virtual Reality (VR), Augmented Reality (AR), 360-Grad-Videos und interaktives Storytelling auf dem Laufenden, um innovative Möglichkeiten zur Einbindung des Publikums und zur Bereitstellung immersiver Erlebnisse zu erkunden.

Interagieren Sie mit Ihrem Publikum

Interagieren Sie mit Ihrem Publikum und bauen Sie eine Community rund um Ihre Videoinhalte auf, indem Sie aktiv mit den Zuschauern interagieren, auf Kommentare reagieren und Feedback und Vorschläge einholen. Fördern Sie ein Gefühl der Verbundenheit und Zugehörigkeit, indem Sie die Beteiligung der Zuschauer fördern, Einblicke hinter die Kulissen gewähren und Ihr Publikum in den kreativen Prozess einbeziehen. Nutzen Sie Social-Media-Plattformen, Live-Streaming und Community-Foren, um eine treue Fangemeinde aufzubauen und Ihre Reichweite zu vergrößern.

Schützen Sie Ihr geistiges Eigentum

Schützen Sie Ihre geistigen Eigentumsrechte und stellen Sie eine ordnungsgemäße Lizenzierung und Namensnennung Ihrer Videoinhalte sicher, um unbefugte Nutzung und Rechtsverletzungen zu verhindern. Machen Sie sich mit den Geschäftsbedingungen von Stock Footage- und Motion Graphics-Marktplätzen sowie den Urheberrechtsgesetzen und Lizenzvereinbarungen vertraut, um Ihre kreativen Vermögenswerte zu schützen und Ihre Rechte als Inhaltsersteller durchzusetzen. Erwägen Sie die Registrierung Ihrer Originalwerke bei den Urheberrechtsbehörden oder den Einsatz digitaler Wasserzeichen und Technologien zur Inhaltsverfolgung, um Piraterie und unbefugte Verbreitung zu verhindern.

Überwachen Sie Leistung und Analysen

Verfolgen und analysieren Sie Leistungskennzahlen und Analysedaten, um den Erfolg und die Wirkung Ihrer Videoinhalte auf verschiedenen Kanälen und Plattformen zu messen. Überwachen Sie wichtige Leistungsindikatoren (KPIs) wie Aufrufe, Engagement, Wiedergabezeit, Klickraten (CTR) und Konversionsraten, um die Wirksamkeit Ihrer Inhalte zu bewerten und Verbesserungsmöglichkeiten zu identifizieren. Nutzen Sie Analysetools und Dashboards, die von Video-Hosting-Plattformen, sozialen Netzwerken und digitalen Marketingplattformen bereitgestellt werden, um Einblicke in das Verhalten, die Demografie und die Vorlieben des Publikums zu gewinnen.

Kontinuierliches Lernen und Verbesserung

Investieren Sie in kontinuierliches Lernen und berufliche Weiterentwicklung, um Ihre Fähigkeiten, Kenntnisse und Fachkenntnisse in der Videoproduktion und Inhaltserstellung zu verbessern. Bleiben Sie durch Online-Kurse, Workshops, Konferenzen und Branchenpublikationen über Branchentrends, Best Practices und neue

Technologien informiert. Holen Sie Feedback von Kollegen, Mentoren und Branchenexperten ein, um Bereiche für Wachstum und Entwicklung zu identifizieren, und seien Sie offen für das Experimentieren mit neuen Ideen und Techniken, um die Grenzen Ihrer Kreativität zu erweitern.

Zusammenfassend lässt sich sagen, dass Stock-Fotografie und Videografie lukrative Möglichkeiten für Kreativprofis bieten, ihr Talent und Fachwissen zu monetarisieren, indem sie ihre Bilder und Videos an ein globales Publikum aus Content-Erstellern, Vermarktern und Unternehmen lizenzieren. Durch die Erstellung hochwertiger, gefragter Inhalte und die Nutzung von Online-Marktplätzen und -Plattformen können Fotografen und Videofilmer passive Einkommensströme generieren und nachhaltige Karrieren in der digitalen Medienbranche aufbauen. Durch kontinuierliches Lernen, Anpassung und Interaktion mit ihrem Publikum können Content-Ersteller in einer sich ständig weiterentwickelnden Landschaft des visuellen Storytellings und des Content-Konsums wettbewerbsfähig bleiben und erfolgreich sein.

Kapitel 7

App- und Website-Entwicklung

Freiberufliche Webentwicklung

Erforderliche Fähigkeiten und Ressourcen zum Lernen

Technische Fähigkeiten

Freiberufliche Webentwickler benötigen eine Reihe technischer Fähigkeiten, um Websites und Webanwendungen zu erstellen. Zu diesen Fähigkeiten gehören:

- **Programmiersprachen:** Kenntnisse in Sprachen wie HTML, CSS und JavaScript für die Front-End-Entwicklung sowie serverseitigen Sprachen wie PHP, Python oder Node.js für die Back-End-Entwicklung.
- **Frameworks und Bibliotheken:** Vertrautheit mit gängigen Frameworks und Bibliotheken wie React, Angular, Vue.js oder jQuery

für die Front-End-Entwicklung und Express.js, Django oder Flask für die Back-End-Entwicklung.
- **Datenbankmanagement:** Kenntnisse über Datenbankverwaltungssysteme wie MySQL, PostgreSQL, MongoDB oder Firebase zum Speichern und Abrufen von Daten in Webanwendungen.
- **Versionskontrolle:** Erfahrung mit Versionskontrollsystemen wie Git zur Verwaltung von Code-Repositorys, zur Nachverfolgung von Änderungen und zur Zusammenarbeit mit anderen Entwicklern.

Designfähigkeiten

Neben technischen Fähigkeiten sollten freiberufliche Webentwickler über grundlegende Designfähigkeiten verfügen, um optisch ansprechende und benutzerfreundliche Websites zu erstellen. Zu diesen Fähigkeiten gehören:

- **UI/UX-Design:** Verständnis der Designprinzipien der Benutzeroberfläche (UI) und der Benutzererfahrung (UX), um

intuitive Navigation, Layout und Interaktionen in Webanwendungen zu erstellen.
- **Sich anpassendes Design:** Fähigkeit, Websites zu entwerfen, die sich an unterschiedliche Bildschirmgrößen und Geräte anpassen und so ein einheitliches Benutzererlebnis auf Desktops, Tablets und Smartphones gewährleisten.
- **Grafikdesign:** Kenntnisse in Grafikdesign-Tools wie Adobe Photoshop, Sketch oder Figma zum Erstellen von Logos, Symbolen und visuellen Assets für Webanwendungen.

Ressourcen zum Lernen

Es stehen zahlreiche Online-Ressourcen zum Erlernen von Webentwicklungsfähigkeiten zur Verfügung, darunter:

- **Online Kurse:** Plattformen wie Udemy, Coursera und Codecademy bieten eine große Auswahl an Kursen zu Webentwicklungsthemen, vom Anfänger bis zum Fortgeschrittenen.
- **Tutorials und Dokumentation:** Kostenlose Tutorials, Leitfäden und Dokumentationen von

Technologieunternehmen und Open-Source-Communities sind wertvolle Ressourcen zum Erlernen spezifischer Technologien und Frameworks.
- **Coding-Bootcamps:** Intensive Coding-Bootcamps bieten umfassende Schulungsprogramme, die die Grundlagen der Webentwicklung abdecken und Studenten beim Aufbau von Portfolioprojekten unterstützen.
- **Community-Foren und Meetups:** Online-Foren wie Stack Overflow und Reddit sowie lokale Entwicklertreffen und Hackathons bieten die Möglichkeit, mit anderen Entwicklern in Kontakt zu treten, Fragen zu stellen und von erfahrenen Fachleuten zu lernen.

Plattformen zur Kundensuche

Freiberufler

Freelancer ist eine beliebte Online-Plattform, die freiberufliche Webentwickler mit Kunden verbindet, die nach Mitarbeitern für Webentwicklungsprojekte suchen. Auf Freelancer können Entwickler Profile erstellen, ihre Fähigkeiten und ihr Portfolio präsentieren und auf von Kunden veröffentlichte Projekteinträge bieten. Kunden können Vorschläge prüfen, mit Freiberuflern kommunizieren und den am besten geeigneten Kandidaten für ihr Projekt einstellen. Freelancer bietet eine Vielzahl von Projektkategorien an, darunter Webdesign, Webentwicklung, E-Commerce-Entwicklung und Entwicklung mobiler Apps.

Toptal

Toptal ist ein Premium-Talentmarktplatz, der führende freiberufliche Entwickler, Designer und Finanzexperten mit Kunden verbindet, die hochwertige Talente für ihre Projekte suchen. Der strenge Auswahlprozess von Toptal stellt sicher, dass nur die besten 3 % der Bewerber in das Netzwerk aufgenommen werden, und garantiert Kunden Zugang zu Elite-Profis mit nachgewiesener Fachkompetenz und Erfahrung. Toptal bietet eine breite Palette von Dienstleistungen an, darunter Webentwicklung, Softwareentwicklung, Produktmanagement und Projektmanagement. Kunden können je nach Projektbedarf und Budget Freiberufler auf Stunden-, Teilzeit- oder Vollzeitbasis einstellen.

Apps erstellen und monetarisieren

App-Entwicklungsprozess

Planung und Forschung

Der App-Entwicklungsprozess beginnt mit der Planung und Recherche, um den Projektumfang, die Ziele und Anforderungen zu definieren. In dieser Phase geht es darum, Benutzerfeedback zu sammeln, Marktforschung durchzuführen und die Zielgruppe und Benutzerpersönlichkeiten zu definieren.

Design und Prototyping

Sobald die Anforderungen finalisiert sind, beginnt die Designphase, in der Wireframes, Mockups und Prototypen erstellt werden, um das Layout, die Navigation und die Benutzeroberfläche (UI) der App zu visualisieren. Designer arbeiten mit Entwicklern zusammen, um sicherzustellen, dass der Entwurf machbar ist und mit den Projektzielen übereinstimmt.

Entwicklung und Tests

Die Entwicklungsphase umfasst die Codierung der Front-End- und Back-End-Funktionalität der App, die Integration von

APIs und Diensten von Drittanbietern sowie die Implementierung von Funktionen gemäß den Designspezifikationen. Entwickler befolgen Best Practices für Codierung, Versionskontrolle und Tests, um sicherzustellen, dass die App Qualitätsstandards erfüllt und auf verschiedenen Geräten und Plattformen zuverlässig funktioniert.

Bereitstellung und Start

Nach Abschluss der Entwicklung und Tests wird die App in App Stores bereitgestellt oder über andere Kanäle wie Webhosting oder Unternehmensverteilung verteilt. Entwickler optimieren die App-Liste, einschließlich Metadaten, Screenshots und Beschreibungen, um die Sichtbarkeit und Downloads zu maximieren. Marketing- und Werbemaßnahmen werden koordiniert, um Aufsehen zu erregen und Benutzer zum Herunterladen der App zu bewegen.

Monetarisierungsstrategien

In-App Käufe

Mit In-App-Käufen (IAPs) können Benutzer virtuelle Güter, Premium-Funktionen oder digitale Inhalte innerhalb der App kaufen.

Entwickler können ein Freemium-Modell anbieten, bei dem die App kostenlos heruntergeladen werden kann, aber optionale kostenpflichtige Upgrades oder Inhalte enthält. Mit In-App-Käufen können Level freigeschaltet, Werbung entfernt, auf exklusive Inhalte zugegriffen oder virtuelle Währungen oder Gegenstände gekauft werden.

Anzeigen

Werbung ist eine gängige Monetarisierungsstrategie für kostenlose Apps, bei der Entwickler Einnahmen erzielen, indem sie Benutzern Anzeigen schalten. Anzeigen können als Banner-Anzeigen, Interstitial-Anzeigen, native Anzeigen oder belohnte Videoanzeigen in die App-Oberfläche integriert werden. Entwickler können aus verschiedenen Werbenetzwerken und Vermittlungsplattformen wählen, um die Werbeeinnahmen zu maximieren und das Benutzererlebnis zu optimieren.

Abonnements

Abonnementbasierte Monetarisierungsmodelle bieten Benutzern gegen eine wiederkehrende Gebühr Zugriff auf Premium-Inhalte, -Funktionen oder -Dienste. Entwickler können verschiedene Abonnementstufen mit unterschiedlichen Zugriffsebenen und Vorteilen anbieten, z. B. monatliche, jährliche oder lebenslange Abonnements. Abonnements sind beliebt für Apps, die fortlaufende Wert- oder Inhaltsaktualisierungen bieten, z. B. Nachrichten, Streaming-Medien, Produktivitätstools oder Fitness-Apps.

Freemium

Das Freemium-Modell kombiniert kostenlose und Premium-Funktionen, sodass Benutzer kostenlos auf grundlegende Funktionen zugreifen und optional kostenpflichtige Upgrades oder Erweiterungen anbieten können. Freemium-Apps locken mit kostenlosen Funktionen eine große Nutzerbasis an, um die Nutzerakquise und -einbindung zu fördern und gleichzeitig durch Premium-Angebote Geld zu verdienen. Dieses Modell ermöglicht es Entwicklern, Premium-Funktionen, Abonnements oder In-App-Käufe an Benutzer zu verkaufen, die zusätzliche Funktionen oder Inhalte freischalten möchten.

Pay-per-Download

Bei Pay-per-Download, auch Bezahl-App-Modell genannt, wird den Nutzern eine einmalige Gebühr für den Download und Zugriff auf die App berechnet. Entwickler legen den Preis für die App im Voraus fest und Benutzer zahlen, um sie aus App-Stores oder anderen Vertriebskanälen herunterzuladen. Dieses Modell ist unkompliziert und bietet sofortige Einnahmen bei jedem App-Download, kann jedoch die Reichweite der App im Vergleich zu kostenlosen oder Freemium-Alternativen einschränken.

Affiliate-Marketing

Beim Affiliate-Marketing geht es darum, Produkte oder Dienstleistungen Dritter innerhalb der App zu bewerben und Provisionen für vermittelte Verkäufe oder Leads zu verdienen. Entwickler können Affiliate-Links, Banner oder Aktionscodes in die Benutzeroberfläche der App integrieren, um den Traffic auf Partner-Websites oder -Plattformen zu lenken. Affiliate-Marketing kann eine zusätzliche Einnahmequelle für Apps sein, die verwandte Produkte oder Dienstleistungen ergänzen oder den Benutzern empfehlen.

Sponsoring und Partnerschaften

Sponsoring und Partnerschaften beinhalten die Zusammenarbeit mit Marken, Werbetreibenden oder anderen Unternehmen, um deren Produkte oder Dienstleistungen über die App zu bewerben. Entwickler können Sponsoring-Möglichkeiten wie Markeninhalte, gesponserte Funktionen oder gesponserte Ereignisse innerhalb der App anbieten. Gesponserte Partnerschaften können Einnahmen durch Vorauszahlungen, Umsatzbeteiligungsvereinbarungen oder leistungsbasierte Anreize generieren.

Datenmonetarisierung

Bei der Datenmonetarisierung geht es darum, Benutzerdaten durch Analysen, Werbung oder Marktforschung zu sammeln und zu monetarisieren. Entwickler können Benutzerdaten anonymisieren und aggregieren, um Trends, Muster und Erkenntnisse zu identifizieren, die für Werbetreibende, Vermarkter oder Forscher wertvoll sind. Zu den Strategien zur Datenmonetarisierung gehören der Verkauf des Zugriffs auf Benutzerdaten, die Durchführung gezielter Werbekampagnen oder die Lizenzierung von Daten für die Nutzung durch Dritte.

Crowdfunding

Crowdfunding-Plattformen wie Kickstarter oder Indiegogo bieten eine alternative Monetarisierungsstrategie für App-Entwickler, um Geld für die App-Entwicklung und -Einführung zu sammeln. Entwickler können Crowdfunding-Kampagnen erstellen, um ihre App-Idee vorzustellen, Prototypen oder Demos zu präsentieren und den Unterstützern im Austausch für finanzielle Unterstützung Belohnungen oder Anreize anzubieten. Crowdfunding ermöglicht es Entwicklern, die Marktnachfrage zu validieren, eine Community von Early Adopters aufzubauen und sich die Finanzierung zu sichern, ohne sich ausschließlich auf traditionelle Einnahmemodelle zu verlassen.

Abo-Boxen

Abonnement-Box-Dienste bieten Benutzern kuratierte Sammlungen von Produkten oder Erlebnissen, die auf wiederkehrender Basis bereitgestellt werden, z. B. monatliche oder vierteljährliche Abonnements. Entwickler können Abonnement-Box-Apps erstellen, die personalisierte Empfehlungen, exklusive Angebote oder thematische Sammlungen basierend auf Benutzerpräferenzen und -interessen bieten. Abonnementboxen können auf verschiedene Nischen und Branchen wie Schönheit, Mode, Essen, Wellness oder Hobbys ausgerichtet sein und über Abonnementgebühren eine wiederkehrende Einnahmequelle bieten.

Lokalisierung und Internationalisierung

Die Ausweitung der Reichweite der App auf globale Märkte durch Lokalisierung und Internationalisierung kann neue Umsatzmöglichkeiten und Benutzersegmente erschließen. Entwickler können den Inhalt, die Benutzeroberfläche und die Marketingmaterialien der App in mehrere Sprachen übersetzen, um unterschiedliche Zielgruppen weltweit anzusprechen. Die Lokalisierung der Preise, Zahlungsmethoden und kulturellen Vorlieben der App kann das Benutzererlebnis und die Akzeptanz auf internationalen Märkten verbessern und zu höheren Downloads und Umsätzen führen.

Kontinuierliche Optimierung und Iteration

Unabhängig von der gewählten Monetarisierungsstrategie sind kontinuierliche Optimierung und Iteration für die Maximierung des App-Umsatzes und den langfristigen Erfolg unerlässlich. Entwickler sollten wichtige Leistungsindikatoren (KPIs) wie Benutzerengagement, Bindung, Konversionsraten und Lifetime Value (LTV) überwachen, um Bereiche für Verbesserungen und Verfeinerungen zu identifizieren. A/B-Tests, Benutzerfeedback und Analyseeinblicke können strategische Entscheidungen treffen und Monetarisierungstaktiken optimieren, um sie an Benutzerpräferenzen und Marktdynamik anzupassen.

Zusammenfassend lässt sich sagen, dass die Erstellung und Monetarisierung von Apps für Entwickler lukrative Möglichkeiten bietet, Einnahmen zu generieren und nachhaltige Unternehmen in der digitalen Wirtschaft aufzubauen. Durch die Nutzung einer Kombination von Monetarisierungsstrategien, einschließlich In-App-Käufen, Anzeigen, Abonnements und Affiliate-Marketing, können Entwickler Einnahmequellen diversifizieren, den

Benutzernutzen maximieren und langfristiges Wachstum und Rentabilität steigern. Durch sorgfältige Planung, Ausführung und kontinuierliche Optimierung können Entwickler wertvolle Apps erstellen, die bei den Benutzern Anklang finden, außergewöhnliche Erlebnisse bieten und sich einen Anteil am wachsenden App-Markt sichern.

Kapitel 8

Print-on-Demand und kundenspezifische Produkte

Print-on-Demand erklärt

Arten von Produkten

T-Shirts

T-Shirts gehören zu den beliebtesten Produkten in der Print-on-Demand-Branche (POD). Sie bieten eine vielseitige Leinwand für kreative Designs und können mit verschiedenen Drucktechniken, darunter Siebdruck, Digitaldruck und Sublimation, individuell gestaltet werden. T-Shirts gibt es in verschiedenen Stilen, Größen und Farben, sodass sie für eine Vielzahl von Designs und Zielgruppen geeignet sind.

Tassen

Individuell bedruckte Tassen sind ein weiteres beliebtes POD-Produkt und bieten eine praktische und kostengünstige

Möglichkeit, einzigartige Designs und personalisierte Botschaften zu präsentieren. Tassen können mit Bildern, Text, Logos oder Grafiken mithilfe von Techniken wie Sublimation oder DTG-Druck (Direct-to-Garment) bedruckt werden. Sie eignen sich ideal für Geschenke, Werbeartikel oder Markenartikel für Unternehmen und Organisationen.

Poster

Poster sind ein klassisches Medium zur Präsentation von Kunstwerken, Fotografien oder Grafikdesigns. POD-Plattformen bieten Posterdruckdienste in verschiedenen Größen, Papiertypen und Ausführungen an und ermöglichen es Künstlern und Designern, auffällige Poster für Heimdekorationen, Veranstaltungen oder Marketingkampagnen zu erstellen. Poster können bei Bedarf gedruckt und direkt an Kunden versendet werden, wodurch die Notwendigkeit einer Lagerhaltung und -abwicklung entfällt.

Plattformen

Druckvoll

Printful ist eine führende Print-on-Demand- und Dropshipping-Plattform, die eine breite

Palette anpassbarer Produkte anbietet, darunter Bekleidung, Accessoires, Heimdekoration und Schreibwaren. Printful lässt sich nahtlos in beliebte E-Commerce-Plattformen wie Shopify, WooCommerce, Etsy und eBay integrieren und ermöglicht es Verkäufern, individuelle Produkte zu erstellen, Modelle zu entwerfen und die Auftragsabwicklung zu automatisieren. Printful kümmert sich um Druck, Verpackung und Versand, während sich die Verkäufer auf Marketing und Kundenservice konzentrieren.

Redbubble

Redbubble ist ein Online-Marktplatz und eine Print-on-Demand-Plattform, die unabhängige Künstler und Designer mit Kunden verbindet, die einzigartige und personalisierte Produkte suchen. Redbubble bietet eine vielfältige Auswahl an Produkten, darunter Kleidung, Accessoires, Wohndekoration, Aufkleber und Schreibwaren, alle mit Originalkunstwerken und Designs von unabhängigen Schöpfern. Redbubble kümmert sich um den Druck, die Produktion und die Auftragsabwicklung, während Künstler bei jedem Verkauf Lizenzgebühren erhalten.

Teespring

Teespring ist eine Print-on-Demand- und E-Commerce-Plattform, die es Kreativen ermöglicht, individuelle Kleidung, Accessoires und Merchandise online zu entwerfen und zu verkaufen. Teespring bietet ein benutzerfreundliches Design-Tool, mit dem Entwickler innerhalb weniger Minuten Grafiken hochladen, Produktoptionen anpassen und Produktlisten erstellen können. Teespring kümmert sich um Druck, Produktion und Versand, während die Kreativen bei jedem Verkauf eine Gewinnspanne erzielen. Teespring bietet außerdem Crowdfunding- und Vorbestellungskampagnen an, um Entwicklern dabei zu helfen, neue Produkte auf den Markt zu bringen und Spendenziele zu erreichen.

Entwerfen und Vermarkten maßgeschneiderter Produkte

Ansprechende Designs erstellen

Verstehen Sie Ihr Publikum

Bevor Sie Designs für maßgeschneiderte Produkte erstellen, ist es wichtig, die Vorlieben, Interessen und Stilvorlieben Ihrer

Zielgruppe zu verstehen. Führen Sie Marktforschung durch, analysieren Sie Trends und sammeln Sie Feedback von Ihrem Publikum, um beliebte Themen, Motive und Designtrends zu identifizieren, die bei ihm Anklang finden.

Konzentrieren Sie sich auf Qualität und Originalität

Erstellen Sie hochwertige, originelle Designs, die sich von der Konkurrenz abheben und Ihren einzigartigen Stil und Ihre kreative Vision widerspiegeln. Investieren Sie Zeit und Mühe in die Entwicklung einzigartiger Konzepte, die Verfeinerung von Kompositionen und das Experimentieren mit Farbschemata, Typografie und visuellen Elementen, um überzeugende und unverwechselbare Designs zu erstellen.

Halten Sie es einfach und vielseitig

Halten Sie beim Entwerfen individueller Produkte das Design einfach, klar und vielseitig, um ein breiteres Publikum anzusprechen und unterschiedlichen Geschmäckern und Vorlieben gerecht zu werden. Vermeiden Sie überladene oder übermäßig komplexe Designs, die die visuelle Gesamtwirkung und Lesbarkeit des Designs beeinträchtigen könnten.

Nutzen Sie Design-Tools und -Ressourcen

Nutzen Sie Designtools, Software und Ressourcen, um professionell aussehende Designs effizient zu erstellen. Zu den beliebten Designtools gehören Adobe Photoshop, Illustrator und Canva, die eine breite Palette an Funktionen und Vorlagen zum Erstellen von Grafiken, Illustrationen und Layouts bieten.

Nutzung sozialer Medien und anderer Kanäle zur Werbung

Bauen Sie eine starke Markenidentität auf

Schaffen Sie eine kohärente Markenidentität und visuelle Ästhetik für Ihre individuellen Produkte und Marketingmaterialien, um eine wiedererkennbare und einprägsame Markenpräsenz zu schaffen. Verwenden Sie konsistente Branding-Elemente wie Logos, Farben, Schriftarten und Bilder, um die Persönlichkeit und Werte Ihrer Marke zu vermitteln.

Erstellen Sie ansprechende Inhalte

Generieren Sie ansprechende Inhalte, die Ihre individuellen Produkte präsentieren, deren Funktionen und Vorteile hervorheben und eine fesselnde Geschichte erzählen, um eine emotionale Verbindung zu Ihrem Publikum herzustellen. Nutzen Sie eine Mischung aus Fotos, Videos, Grafiken und Erfahrungsberichten, um Ihre Produkte in Aktion zu präsentieren, ihre Qualität und Vielseitigkeit zu demonstrieren und mit Ihrem Publikum auf persönlicher Ebene in Kontakt zu treten.

Nutzen Sie Social-Media-Plattformen

Nutzen Sie die Leistungsfähigkeit von Social-Media-Plattformen wie Instagram, Facebook, Pinterest und Twitter, um für Ihre individuellen Produkte zu werben, mit Ihrem Publikum in Kontakt zu treten und den Verkehr zu Ihrem Online-Shop oder Ihren Produktlisten zu steigern. Teilen Sie visuell ansprechende Inhalte, Einblicke hinter die Kulissen, Produkteinführungen, Werbeaktionen und benutzergenerierte Inhalte, um Ihr Publikum zu motivieren und für Ihre Marke zu begeistern.

Arbeiten Sie mit Influencern und Markenbotschaftern zusammen

Arbeiten Sie mit Influencern, Bloggern, Content-Erstellern und Markenbotschaftern in Ihrer Nische zusammen, um neue Zielgruppen zu erreichen, die Markenbekanntheit zu steigern und Begeisterung für Ihre individuellen Produkte zu wecken. Identifizieren Sie Influencer, die mit Ihren Markenwerten und der Zielgruppendemografie übereinstimmen, und arbeiten Sie bei gesponserten Inhalten, Produktbewertungen, Werbegeschenken oder Affiliate-Partnerschaften zusammen, um deren Reichweite und Einfluss zu nutzen.

Für Suchmaschinen optimieren

Optimieren Sie Ihre Website, Produktlisten und Inhalte für Suchmaschinen, um die Sichtbarkeit und Auffindbarkeit auf Suchmaschinen-Ergebnisseiten (SERPs) zu verbessern. Verwenden Sie relevante Schlüsselwörter, beschreibende Titel, Meta-Tags und Alternativtext, um Ihre Produktseiten und Bilder für Suchmaschinen zu optimieren. Erstellen Sie informative und ansprechende Inhalte wie Blogbeiträge, Tutorials und Leitfäden mit Bezug zu Ihrer Nische, um organischen Traffic anzuziehen und Ihre Autorität in der Branche zu etablieren.

Nutzen Sie E-Mail-Marketing

Bauen und pflegen Sie Beziehungen zu Ihrem Publikum durch E-Mail-Marketingkampagnen, die Mehrwert bieten, Vertrauen aufbauen und zu Wiederholungskäufen anregen. Sammeln Sie E-Mail-Adressen von Website-Besuchern, Social-Media-Followern und Kunden und segmentieren Sie Ihre E-Mail-Liste nach demografischen Merkmalen, Vorlieben und Kaufhistorie. Versenden Sie personalisierte und zielgerichtete E-Mail-Kampagnen mit Produktempfehlungen, Werbeaktionen, exklusiven Angeboten und Updates, um das Interesse der Abonnenten an Ihren individuellen Produkten aufrechtzuerhalten.

Überwachen und analysieren Sie die Leistung

Verfolgen Sie wichtige Leistungskennzahlen wie Website-Traffic, Engagement, Konversionsraten und Verkäufe, um die Wirksamkeit Ihrer Marketingbemühungen zu messen und Ihre Strategien entsprechend zu optimieren. Nutzen Sie Webanalysetools wie Google Analytics, Social Media Insights und

E-Commerce-Plattformanalysen, um Einblicke in das Kundenverhalten zu gewinnen, Trends zu erkennen und Verbesserungsmöglichkeiten in Ihren Marketingkampagnen zu identifizieren. Passen Sie Ihre Taktiken an, experimentieren Sie mit neuen Ansätzen und iterieren Sie basierend auf datengesteuerten Erkenntnissen, um Ihren Marketing-ROI zu maximieren und das Geschäftswachstum voranzutreiben.

Zusammenfassend lässt sich sagen, dass Print-on-Demand und kundenspezifische Produkte spannende Möglichkeiten für Kreative, Künstler und Unternehmer bieten, ihre kreativen Ideen in profitable Unternehmen umzusetzen. Durch die Nutzung von Print-on-Demand-Plattformen, die Gestaltung ansprechender individueller Produkte und die Umsetzung effektiver Marketingstrategien können Kreative ein globales Publikum erreichen, ihre Kreativität monetarisieren und erfolgreiche Marken im digitalen Zeitalter aufbauen. Mit Kreativität, Innovation und strategischer Planung sind die Möglichkeiten für Print-on-Demand und kundenspezifische Produkte nahezu unbegrenzt und ermöglichen es Kreativen, ihre Talente zu präsentieren und mit Kunden auf der ganzen Welt in Kontakt zu treten.

Kapitel 9

Virtuelle Assistenz

Werden Sie ein virtueller Assistent

Grundlegende Fähigkeiten und Werkzeuge

Kommunikationsfähigkeit

Virtuelle Assistenten (VAs) müssen über ausgezeichnete Kommunikationsfähigkeiten verfügen, um aus der Ferne effektiv mit Kunden und Teammitgliedern interagieren zu können. Eine klare und prägnante schriftliche und mündliche Kommunikation ist für die Übermittlung von Informationen, das Stellen von Fragen und die Bereitstellung von Updates in einer virtuellen Arbeitsumgebung unerlässlich.

Organisatorische Fähigkeiten

Für die effiziente Verwaltung von Aufgaben, Fristen und Prioritäten als virtueller Assistent sind organisatorische Fähigkeiten von entscheidender Bedeutung. VAs sollten sich mit Zeitmanagement, Aufgabenpriorisierung und Multitasking auskennen, um mehrere Aufgaben und Verantwortlichkeiten gleichzeitig zu bewältigen.

Technische Kompetenz

Virtuelle Assistenten müssen mit der Verwendung verschiedener Softwaretools, Kommunikationsplattformen und Produktivitäts-Apps vertraut sein, um mit Kunden zusammenzuarbeiten und Aufgaben aus der Ferne auszuführen. Kenntnisse in Tools wie E-Mail, Projektmanagement-Software, Videokonferenz-Tools und Cloud-Speicherlösungen sind für effektive Remote-Arbeit unerlässlich.

Problemlösungsfähigkeiten

Problemlösungsfähigkeiten sind für virtuelle Assistenten wertvoll, um Probleme zu beheben, Konflikte zu lösen und Herausforderungen selbstständig zu meistern. VAs sollten einfallsreich, anpassungsfähig und proaktiv sein, wenn es darum geht, Lösungen für Probleme zu finden, die während ihrer Arbeit auftreten.

Aufmerksamkeit fürs Detail

Die Liebe zum Detail ist für virtuelle Assistenten von entscheidender Bedeutung, um Genauigkeit, Konsistenz und Qualität ihrer Arbeit sicherzustellen. VAs sollten den Anweisungen, Richtlinien und Spezifikationen der Kunden große Aufmerksamkeit schenken, um fehlerfreie Ergebnisse zu liefern und professionelle Standards einzuhalten.

Kunden finden und Preise festlegen

Networking und Empfehlungen

Networking ist eine leistungsstarke Möglichkeit für virtuelle Assistenten, mit potenziellen Kunden in Kontakt zu treten und ihr berufliches Netzwerk zu erweitern. Nehmen Sie an Branchenveranstaltungen teil, treten Sie Online-Communities und Foren bei und beteiligen Sie sich an Networking-Gruppen, um Beziehungen zu Kunden und Kollegen aufzubauen. Bitten Sie zufriedene Kunden und Kollegen um Empfehlungen, um Leads und Möglichkeiten für neue Geschäfte zu generieren.

Online-Plattformen und Marktplätze

Online-Plattformen und Marktplätze bieten virtuellen Assistenten die Möglichkeit, ihre Fähigkeiten und Dienstleistungen zu präsentieren und Kunden zu finden, die

Fernunterstützung suchen. Plattformen wie Upwork, Freelancer, Fiverr und Virtual Assistant Forums ermöglichen es VAs, Profile zu erstellen, Stellenangebote zu durchsuchen, Vorschläge einzureichen und Konditionen mit Kunden auszuhandeln.

Social Media und Content Marketing

Soziale Medien und Content-Marketing können für virtuelle Assistenten wirksame Strategien sein, um Kunden zu gewinnen und ihre Dienste online zu bewerben. Erstellen Sie eine professionelle Präsenz auf Social-Media-Plattformen wie LinkedIn, Facebook, Twitter und Instagram, um Erkenntnisse, Fachwissen und Erfolgsgeschichten auszutauschen und mit potenziellen Kunden in Kontakt zu treten. Veröffentlichen Sie Blogbeiträge, Artikel, Fallstudien und Tutorials, um Ihr Wissen und Ihre Fachkenntnisse zu demonstrieren und eingehende Leads zu gewinnen.

Tarife festlegen

Die Festlegung der Tarife als virtueller Assistent hängt von verschiedenen Faktoren ab, darunter Erfahrung, Fähigkeiten, Fachwissen, Branchennachfrage und Markttarife. Berücksichtigen Sie bei der

Festlegung Ihrer Tarife Faktoren wie die Komplexität der Aufgaben, den Zeitaufwand und den gebotenen Nutzen. Informieren Sie sich über Branchenstandards und Wettbewerbspreise, um sicherzustellen, dass Ihre Preise wettbewerbsfähig sind und den Markterwartungen entsprechen. Erwägen Sie das Anbieten verschiedener Preismodelle wie Stundensätze, projektbasierte Preise, Vorbehaltsvereinbarungen oder Pauschalangebote, um den unterschiedlichen Kundenbedürfnissen und -präferenzen gerecht zu werden.

Spezialisierte virtuelle Assistenzdienste

Social-Media-Management

Beim Social-Media-Management geht es um die Verwaltung und Optimierung der Social-Media-Konten der Kunden, um das Engagement zu steigern, Follower zu gewinnen sowie Traffic und Leads zu steigern. Virtuelle Assistenten können Inhalte erstellen und kuratieren, Beiträge planen, auf Kommentare und Nachrichten antworten, Leistungskennzahlen analysieren und Social-Media-Marketingstrategien implementieren, um die Ziele der Kunden zu erreichen.

Buchhaltung und Rechnungswesen

Zu den Buchhaltungs- und Buchhaltungsdiensten gehört die Verwaltung der Finanzunterlagen, Transaktionen und Konten der Kunden, um Genauigkeit, Compliance und finanzielle Gesundheit sicherzustellen. Virtuelle Assistenten können mithilfe von Buchhaltungssoftware wie QuickBooks,

Kundendienst und Support

Kundendienst und Support umfassen die Bereitstellung von Hilfe und die Lösung von Anfragen, Problemen und Beschwerden von Kunden oder Benutzern des Kunden. Virtuelle Assistenten können per E-Mail, Chat oder Telefon mit Kunden kommunizieren, Fragen zu Produkten oder Dienstleistungen beantworten, technische Probleme beheben, Bestellungen oder Rückerstattungen bearbeiten und komplexe Probleme an die entsprechende Abteilung oder das entsprechende Team weiterleiten.

Aufbau eines Nischen-VA-Geschäfts

Identifizieren Sie Ihre Nische

Durch die Identifizierung einer Nische können sich virtuelle Assistenten auf bestimmte Branchen, Dienstleistungen oder Zielmärkte spezialisieren und sich von der Konkurrenz abheben. Berücksichtigen Sie Ihre Fähigkeiten, Interessen, Erfahrungen und Marktnachfrage, wenn Sie eine Nische für Ihr VA-Geschäft auswählen. Beispiele für Nischenmärkte für virtuelle Assistenten sind Rechtswesen, Gesundheitswesen, E-Commerce, Immobilien, Marketing oder Coaching.

Entwickeln Sie spezielle Fähigkeiten

Wenn Sie sich für eine Nische entschieden haben, konzentrieren Sie sich auf die Entwicklung spezieller Fähigkeiten, Kenntnisse und Fachkenntnisse, die für diese Branche oder diesen Markt relevant sind. Investieren Sie in Schulungen, Zertifizierungen und Möglichkeiten zur beruflichen Weiterentwicklung, um Ihre Fähigkeiten zu verbessern und über Branchentrends, Best Practices und Vorschriften auf dem Laufenden zu bleiben. Positionieren Sie sich als Experte in Ihrer Nische, indem Sie Ihre Fachkenntnisse unter Beweis stellen und Ihre Fähigkeit unter Beweis stellen, spezifische Probleme zu lösen oder einzigartige Herausforderungen anzugehen, mit denen Kunden in Ihrem Zielmarkt konfrontiert sind.

Passen Sie Ihre Dienstleistungen an

Passen Sie Ihre virtuellen Assistenzdienste an die spezifischen Bedürfnisse und Vorlieben der Kunden in Ihrer Nische an. Passen Sie Ihre Serviceangebote, Pakete und Preise an, um sie an die Anforderungen, Schwachstellen und Ziele der Kunden in Ihrem Zielmarkt anzupassen. Heben Sie Ihre Branchenexpertise, Ihr Verständnis für die Bedürfnisse Ihrer Kunden und Ihre Fähigkeit hervor, Mehrwertlösungen zu liefern, die auf ihre spezifischen Herausforderungen und Ziele zugeschnitten sind.

Vermarkten Sie Ihre Nischenkompetenz

Vermarkten Sie Ihre Nischenkompetenz und spezialisierten Dienstleistungen, um Kunden zu gewinnen und Ihre Glaubwürdigkeit und Autorität in Ihrem Zielmarkt zu stärken. Nutzen Sie Content-Marketing, soziale Medien, Netzwerke und Branchenverbände, um Ihre Nischenkompetenz zu präsentieren, wertvolle Erkenntnisse auszutauschen und mit potenziellen Kunden in Ihrer Nische in Kontakt zu treten. Nehmen Sie an nischenspezifischen Veranstaltungen, Konferenzen und Online-Communities teil, um sich mit Branchenexperten zu vernetzen,

Beziehungen aufzubauen und Leads für Ihr VA-Unternehmen zu generieren.

Bieten Sie außergewöhnlichen Wert

Konzentrieren Sie sich darauf, den Kunden in Ihrer Nische außergewöhnlichen Mehrwert und Kundenservice zu bieten, um Vertrauen, Loyalität und langfristige Beziehungen aufzubauen. Übertreffen Sie die Erwartungen Ihrer Kunden, indem Sie qualitativ hochwertige Arbeit liefern, Fristen einhalten und proaktive Unterstützung und Lösungen bereitstellen. Zeigen Sie Ihr Engagement für den Erfolg Ihrer Kunden, indem Sie aktiv auf ihre Bedürfnisse eingehen, personalisierte Empfehlungen anbieten und kontinuierlich nach Möglichkeiten suchen, Mehrwert zu schaffen und ihre Geschäftsergebnisse zu verbessern.

Holen Sie Feedback ein und iterieren Sie

Holen Sie Feedback von Kunden in Ihrer Nische ein, um Erkenntnisse zu gewinnen, Verbesserungsmöglichkeiten zu identifizieren und Ihre Dienstleistungen zu verfeinern, um ihren Bedürfnissen und Erwartungen besser gerecht zu werden. Holen Sie durch Umfragen, Bewertungen und Einzelgespräche aktiv Feedback ein, um den Grad der Kundenzufriedenheit, Schwachstellen und Verbesserungsmöglichkeiten zu verstehen. Nutzen Sie das Kundenfeedback, um Ihre Serviceangebote, Prozesse und Kommunikationsstrategien zu überarbeiten und zu optimieren, um ein außergewöhnliches Kundenerlebnis zu bieten und das Geschäftswachstum voranzutreiben.

Abschluss

Zusammenfassend lässt sich sagen, dass virtuelle Assistenz einen flexiblen und lohnenden Karriereweg für Personen bietet, die Kunden aus verschiedenen Branchen und Märkten Fernunterstützungsdienste anbieten möchten. Durch die Entwicklung grundlegender Fähigkeiten, den Einsatz von Technologietools und die Einführung effektiver Marketingstrategien können virtuelle Assistenten erfolgreiche Unternehmen aufbauen, Kunden gewinnen und in der wachsenden Gig Economy erfolgreich sein. Unabhängig davon, ob sie allgemeine Verwaltungsunterstützung oder spezielle Dienstleistungen in Bereichen wie Social-Media-Management, Buchhaltung oder Kundenservice anbieten, spielen virtuelle Assistenten eine entscheidende

Rolle dabei, Unternehmen dabei zu helfen, Abläufe zu rationalisieren, die Produktivität zu steigern und ihre Ziele zu erreichen. Mit der richtigen Kombination aus Fähigkeiten, Fachwissen und Unternehmergeist können virtuelle Assistenten erfüllende und profitable Karrieren als vertrauenswürdige Partner und wertvolle Ressourcen für ihre Kunden aufbauen.

Kapitel 10

Gig-Economy-Jobs

Beliebte Gig-Economy-Plattformen

Mitfahr- und Lieferdienste

Uber

Uber ist eine der beliebtesten Mitfahrplattformen weltweit und verbindet Fahrgäste mit Fahrern für On-Demand-Transportdienste. Fahrer nutzen die Uber-App, um Fahranfragen zu erhalten, zu Abholorten zu navigieren und Passagiere zu ihren Zielen zu befördern. Uber bietet verschiedene Dienste an, darunter UberX (Standardfahrten), UberXL (größere Fahrzeuge), Uber Black (Luxusautos) und Uber Eats (Essenslieferung). Das Einkommen der Fahrer basiert auf der Anzahl der zurückgelegten Fahrten, der zurückgelegten Strecke und der Fahrzeit.

Lyft

Lyft ist eine weitere führende Mitfahrplattform, die in zahlreichen Städten in den Vereinigten Staaten und Kanada tätig ist. Ähnlich wie Uber verbindet Lyft über seine mobile App Passagiere mit Fahrern für On-Demand-Fahrten. Fahrer können zwischen den verschiedenen Servicestufen von Lyft wählen, darunter Lyft, Lyft XL, Lyft Lux und Lyft Shared. Lyft-Fahrer verdienen Geld durch Fahrpreise, Trinkgelder von Fahrgästen und von der Plattform angebotene Boni oder Anreize.

DoorDash

DoorDash ist eine beliebte Plattform für die Lieferung von Lebensmitteln, die es Kunden ermöglicht, Lebensmittel in lokalen Restaurants zu bestellen und diese an ihre Haustür liefern zu lassen. Dasher (Lieferfahrer) nutzen die DoorDash-App, um Lieferanfragen anzunehmen, Bestellungen von Restaurants abzuholen und sie an die Standorte der Kunden zu liefern. Dasher können ihre eigenen Schichten planen und basierend auf der Anzahl der abgeschlossenen Lieferungen, der zurückgelegten Entfernung und anderen Faktoren Geld verdienen. DoorDash bietet Anreize, Boni und Spitzengehälter in Stoßzeiten, um Fahrer zur Arbeit zu ermutigen.

Aufgabenbasierte Plattformen

TaskRabbit

TaskRabbit ist eine aufgabenbasierte Plattform, die Menschen, die Hilfe bei verschiedenen Aufgaben wie Hausreinigung, Möbelmontage, Umzug und Handwerkerdienstleistungen benötigen, mit qualifizierten Taskern verbindet, die bereit sind, diese Aufgaben gegen eine Gebühr zu erledigen. TaskRabbit-Benutzer können verfügbare Aufgaben durchsuchen, Angebote abgeben und Tasker basierend auf ihren Fähigkeiten, Erfahrungen und Verfügbarkeit einstellen. Tasker legen ihre eigenen Tarife fest und können Einnahmen erzielen, indem sie Aufgaben für Kunden in ihrer Region erledigen.

Gigwalk

Gigwalk ist eine mobile App, mit der Benutzer kurzfristige Auftritte und Aufgaben in ihrer Nähe finden und erledigen können. Auftritte auf Gigwalk können Mystery Shopping, Produkttests, Einzelhandelsaudits, Fotografie und andere Aufgaben umfassen, die eine Überprüfung vor Ort oder eine Datenerfassung erfordern. Gigwalker (Arbeiter) können mit ihrem Smartphone nach verfügbaren Auftritten suchen, sich für Aufträge bewerben und Aufgaben erledigen. Gigwalker verdienen ihr Geld basierend auf der Komplexität und Dauer der abgeschlossenen Auftritte.

Gewinnmaximierung in der Gig Economy

Tipps für Effizienz und höhere Bezahlung

Optimieren Sie Ihren Zeitplan

Maximieren Sie Ihr Einkommen, indem Sie Ihren Arbeitsplan strategisch planen, um Spitzennachfragezeiten und hochbezahlte Möglichkeiten zu nutzen. Informieren Sie sich über Spitzenzeiten, belebte Orte und besondere Ereignisse in Ihrer Nähe, um optimale Zeiten für Gig-Arbeiten zu ermitteln. Priorisieren Sie Auftritte mit hoher Nachfrage, lukrative Aufträge und zeitkritische Aufgaben, um Ihre Zeit und Mühe optimal zu nutzen.

Diversifizieren Sie Ihre Dienstleistungen

Erweitern Sie Ihr Einkommenspotenzial, indem Sie ein vielfältiges Leistungsspektrum anbieten oder gleichzeitig für mehrere Gig-Economy-Plattformen arbeiten. Erwägen Sie, Ihre Fähigkeiten, Ihr Fachwissen und Ihre Interessen zu nutzen, um eine Vielzahl von Dienstleistungen anzubieten, die auf unterschiedliche Kundenbedürfnisse und -präferenzen zugeschnitten sind. Durch die Diversifizierung Ihrer Dienstleistungen können Sie einen breiteren Kundenstamm gewinnen, Ihr Verdienstpotenzial steigern und das Risiko verringern, sich auf eine einzige Einnahmequelle zu verlassen.

Bieten Sie exzellenten Service

Bieten Sie Ihren Kunden außergewöhnlichen Service, indem Sie qualitativ hochwertige Arbeit leisten, die Erwartungen übertreffen und Professionalität und Zuverlässigkeit wahren. Bauen Sie positive Beziehungen zu Kunden auf, indem Sie effektiv kommunizieren, auf ihre Bedürfnisse und Anliegen eingehen und Ergebnisse liefern, die ihre Erwartungen erfüllen oder übertreffen. Positive Bewertungen, Empfehlungen und Folgegeschäfte sind für den Aufbau einer erfolgreichen Karriere in der Gig Economy und die Erschließung neuer Möglichkeiten unerlässlich.

Nutzen Sie Technologietools

Nutzen Sie Technologietools, Apps und Ressourcen, um Ihre Gig-Arbeit zu optimieren, die Produktivität zu steigern und

Ihre Einnahmen zu optimieren. Verwenden Sie Planungs-Apps, Aufgabenverwaltungstools, Navigations-Apps und Kilometerverfolgungssoftware, um Ihre Arbeitsbelastung zu organisieren, Aufgaben zu verwalten und effizient zu Standorten zu navigieren. Nutzen Sie Automatisierungstools, Vorlagen und Verknüpfungen, um sich wiederholende Aufgaben zu rationalisieren und Ihre Effizienz zu maximieren.

Ausgaben minimieren und Abzüge maximieren

Minimieren Sie die Ausgaben und maximieren Sie die Abzüge, um Ihre Einnahmen zu optimieren und Ihre Steuerschuld als Gig-Worker zu reduzieren. Behalten Sie den Überblick über geschäftsbezogene Ausgaben wie Kilometerstand, Fahrzeugwartung, Verbrauchsmaterialien, Ausrüstung und Softwareabonnements. Wenden Sie sich an einen Steuerberater, um die für Ihre Auftragsarbeit geltenden Steuerabzüge, Gutschriften und Compliance-Anforderungen zu verstehen und Ihre Steuereinsparungen zu maximieren.

Mehrere Gig-Jobs unter einen Hut bringen

Priorisieren und planen

Bringen Sie mehrere Jobs unter einen Hut, indem Sie Aufgaben priorisieren, Ihre Zeit effektiv verwalten und Ihre Arbeitsverpflichtungen strategisch planen. Verwenden Sie Kalender-Apps, Planungstools oder Planer, um Ihre Auftrittsaufträge zu organisieren, Prioritäten festzulegen und jedem Auftrag Zeit zuzuweisen, basierend auf Fristen, Kundenerwartungen und Einkommenspotenzial. Schätzen Sie Ihre Verfügbarkeit realistisch ein und vermeiden Sie eine Überlastung, um einem Burnout vorzubeugen und qualitativ hochwertige Arbeit sicherzustellen.

Einkommensströme diversifizieren

Diversifizieren Sie Ihre Einnahmequellen, indem Sie für mehrere Gig-Economy-Plattformen arbeiten oder Kunden in verschiedenen Branchen oder Märkten eine Vielzahl von Dienstleistungen anbieten. Durch die Diversifizierung Ihrer Einkommensquellen können Sie Ihr Risiko verteilen, mehr Möglichkeiten nutzen und Ihr

Verdienstpotenzial erhöhen. Experimentieren Sie mit verschiedenen Auftritten, Plattformen und Serviceangeboten, um die profitabelsten und angenehmsten Optionen für Ihre Fähigkeiten und Interessen zu ermitteln.

Grenzen setzen und Pausen einlegen

Sorgen Sie für eine gesunde Work-Life-Balance, indem Sie Grenzen setzen, Ihre Arbeitsbelastung begrenzen und Selbstfürsorge und Ausfallzeiten priorisieren. Planen Sie regelmäßige Pausen, Ruhephasen und Freizeitaktivitäten ein, um neue Energie zu tanken und einem Burnout vorzubeugen. Teilen Sie Kunden und Plattformbenutzern Ihre Verfügbarkeit, Arbeitszeiten und Reaktionszeiten klar mit, um Erwartungen zu erfüllen und Überlastung oder Erschöpfung zu vermeiden.

Delegieren und auslagern

Delegieren Sie Aufgaben und lagern Sie Verantwortlichkeiten an vertrauenswürdige Partner, Subunternehmer oder virtuelle Assistenten aus, um Ihre Arbeitsbelastung zu verringern und sich auf hochwertige Aktivitäten zu konzentrieren. Identifizieren Sie Aufgaben, die delegiert oder automatisiert werden können, wie z. B. Verwaltungsaufgaben, Dateneingabe oder sich wiederholende Aufgaben, und weisen Sie diese fähigen Personen oder Diensten zu. Arbeiten Sie mit anderen Gig-Mitarbeitern, Freiberuflern oder Agenturen zusammen, um deren Fachwissen und Ressourcen zu nutzen und Ihre Kapazität zur effektiven Abwicklung mehrerer Gigs zu erweitern.

Bleiben Sie flexibel und passen Sie sich an

Bleiben Sie in der Gig Economy flexibel und anpassungsfähig, indem Sie Veränderungen annehmen, neue Fähigkeiten erlernen und Ihren Ansatz an Markttrends und -chancen anpassen. Seien Sie offen dafür, neue Auftritte auszuprobieren, verschiedene Plattformen zu erkunden und sich an die sich ändernden Kundenbedürfnisse und -präferenzen anzupassen. Bleiben Sie über Branchenentwicklungen, neue Technologien und Best Practices auf dem Laufenden, um der Konkurrenz einen Schritt voraus zu sein und sich für den Erfolg in der dynamischen Gig-Economy-Landschaft zu positionieren.

Abschluss

Zusammenfassend lässt sich sagen, dass Jobs in der Gig-Economy Flexibilität,

Unabhängigkeit und Verdienstmöglichkeiten für Personen bieten, die alternative Beschäftigungsmöglichkeiten und zusätzliche Einkommensquellen suchen. Ganz gleich, ob sie für Mitfahrplattformen fahren, Aufgaben auf aufgabenbasierten Plattformen erledigen oder Kunden spezielle Dienstleistungen anbieten: Gig-Worker können ihre Fähigkeiten, Ressourcen und Technologietools nutzen, um ihre Einnahmen zu maximieren und ihre finanziellen Ziele zu erreichen. Durch die Optimierung ihrer Arbeitspläne, die Bereitstellung exzellenter Dienstleistungen, die Diversifizierung ihrer Einkommensströme und die Ausbalancierung mehrerer Gig-Jobs können Gig-Worker erfolgreiche Karrieren in der Gig-Economy aufbauen und in der sich ständig verändernden Landschaft der Fernarbeit und des digitalen Unternehmertums erfolgreich sein. Mit den richtigen Strategien, der richtigen Einstellung und der richtigen Entschlossenheit können Gig-Worker neue Möglichkeiten erschließen, Herausforderungen meistern und erfüllende und lohnende Karrieren in der Gig Economy schaffen.

Abschluss

In der schnelllebigen und dynamischen Landschaft der Nebenbeschäftigungen ist die Wahl des richtigen Weges entscheidend für den Erfolg. Es erfordert eine sorgfältige Abwägung Ihrer Fähigkeiten, Interessen und der verfügbaren Zeit. Durch die Bewertung dieser Faktoren können Sie Möglichkeiten identifizieren, die Ihren Stärken und Leidenschaften entsprechen, und so Ihre Chancen auf Erfüllung und finanziellen Gewinn maximieren.

Die richtige Seite wählen

Beurteilung Ihrer Fähigkeiten, Interessen und Zeit

Bevor Sie sich in ein Nebengeschäft stürzen, nehmen Sie sich die Zeit, Ihre Fähigkeiten, Interessen und die verfügbare Zeit einzuschätzen. Identifizieren Sie Bereiche, in denen Sie sich auszeichnen, und Aktivitäten, die Ihnen Freude und Zufriedenheit bereiten. Berücksichtigen Sie Ihre bestehenden Verpflichtungen wie Beruf, Familie und persönliche Verpflichtungen und ermitteln Sie, wie viel Zeit Sie realistischerweise für Ihren Nebenerwerb aufwenden können. Indem Sie Ihre Nebenbeschäftigung auf Ihre

Fähigkeiten, Interessen und Zeitbeschränkungen abstimmen, können Sie sich auf Erfolg und Freude vorbereiten.

Kombinieren Sie mehrere Aufgaben für ein diversifiziertes Einkommen

Während es lukrativ sein kann, sich auf eine einzige Nebenbeschäftigung zu konzentrieren, kann die Diversifizierung Ihrer Einkommensströme in einer unvorhersehbaren Wirtschaft für Stabilität und Widerstandsfähigkeit sorgen. Erwägen Sie die Kombination mehrerer Nebenbeschäftigungen, die sich gegenseitig ergänzen und unterschiedliche Einnahmequellen bieten. Sie könnten beispielsweise freiberufliche Schreibdienste anbieten und gleichzeitig einen kleinen E-Commerce-Shop betreiben oder virtuelle Assistentendienste anbieten. Durch die Diversifizierung Ihres Einkommens können Sie die Risiken mindern, die mit der Abhängigkeit von einer einzigen Einnahmequelle verbunden sind, und sich an veränderte Marktbedingungen anpassen.

Zukünftige Trends und Vorhersagen

Neue Chancen und Technologien

Die Gig Economy entwickelt sich ständig weiter, angetrieben durch neue Technologien, verändertes Verbraucherverhalten und Markttrends. Bleiben Sie über neue Möglichkeiten und Technologien informiert, die die Zukunft des Nebenberufs prägen könnten. Behalten Sie Entwicklungen in Bereichen wie künstliche Intelligenz, Blockchain, Remote-Arbeit und digitales Marketing im Auge, da diese neue Möglichkeiten für den Erfolg von Nebenjobs schaffen können.

Anpassung an Veränderungen in der Gig Economy und den Marktanforderungen

Flexibilität und Anpassungsfähigkeit sind wesentliche Eigenschaften für den Erfolg in der Gig Economy. Seien Sie darauf vorbereitet, sich an veränderte Marktanforderungen, Verbraucherpräferenzen und Branchentrends anzupassen. Bleiben Sie agil und aufgeschlossen und bereit, Ihre Side-Hustle-Strategie nach Bedarf zu ändern oder zu verfeinern. Machen Sie sich lebenslanges Lernen zu eigen und investieren Sie in die Entwicklung neuer Fähigkeiten, bleiben Sie immer einen Schritt voraus und positionieren Sie sich für zukünftige Chancen.

Zusammenfassend lässt sich sagen, dass die Welt der Nebenbeschäftigungen eine Fülle von Möglichkeiten für Menschen bietet, die ihr Einkommen aufbessern, ihren Leidenschaften nachgehen und finanzielle Unabhängigkeit erlangen möchten. Indem Sie den richtigen Nebenberuf wählen, Ihre Fähigkeiten und Interessen einschätzen und Ihr Einkommen diversifizieren, können Sie eine lohnende und nachhaltige zusätzliche Einnahmequelle aufbauen. Bleiben Sie über zukünftige Trends und Prognosen auf dem Laufenden und seien Sie bereit, sich an Veränderungen in der Gig Economy und Marktanforderungen anzupassen. Mit Engagement, Kreativität und Belastbarkeit können Sie aus Ihrem Nebenerwerb ein florierendes Unternehmen machen und neue Möglichkeiten für persönliches und berufliches Wachstum erschließen.

Anhänge

Ressourcen und Tools

Websites

- **Upwork:** Eine führende freiberufliche Plattform, die eine breite Palette von Jobkategorien bietet, darunter Schreiben, Design, Programmierung und virtuelle Unterstützung.
- **Udemy:** Eine Online-Lernplattform mit Tausenden von Kursen zu verschiedenen Themen, darunter Wirtschaft, Technologie und kreative Fähigkeiten.
- **Shopify:** Eine E-Commerce-Plattform, die es Benutzern ermöglicht, Online-Shops für den Verkauf von Produkten zu erstellen und anzupassen.
- **TaskRabbit:** Eine aufgabenbasierte Plattform, die Menschen mit lokalen Dienstleistern für verschiedene Aufgaben verbindet, beispielsweise Reinigungs-, Umzugs- und Handwerkerdienste.
- **Freiberufler:** Eine globale Plattform für Freiberufler, auf der Benutzer Freiberufler für Projekte in

Kategorien wie Schreiben, Grafikdesign und Programmierung finden und einstellen können.

Apps

- **Trello:** Eine Projektmanagement-App, mit der Benutzer Aufgaben organisieren, mit Teammitgliedern zusammenarbeiten und den Projektfortschritt verfolgen können.
- **Canva:** Eine Grafikdesign-Plattform, die benutzerfreundliche Tools und Vorlagen zum Erstellen professionell aussehender Grafiken, Präsentationen und Marketingmaterialien bietet.
- **MileIQ:** Eine App zur Kilometerverfolgung für Freiberufler und unabhängige Auftragnehmer zur Protokollierung und Kategorisierung geschäftlicher Kilometer für Steuerzwecke.
- **QuickBooks:** Eine Buchhaltungssoftware, die Freiberuflern und Kleinunternehmern hilft, Finanzen zu verwalten, Ausgaben zu verfolgen und Finanzberichte zu erstellen.
- **Evernote:** Eine Notizen-App, mit der Benutzer Ideen festhalten, Notizen organisieren und geräteübergreifend

mit anderen zusammenarbeiten können.

Erkenntnisse und Ratschläge für Anfänger

- **Klein anfangen:** Scheuen Sie sich nicht davor, klein anzufangen und Ihr Nebengeschäft nach und nach auszuweiten, wenn Sie an Erfahrung und Selbstvertrauen gewinnen.
- **Bleiben Sie konsequent:** Bei Nebenbeschäftigungen ist Beständigkeit der Schlüssel zum Erfolg. Nehmen Sie sich jeden Tag oder jede Woche etwas Zeit, um an Ihrem Nebenerwerb zu arbeiten, auch wenn es nur ein paar Stunden sind.
- **Netzwerken und zusammenarbeiten:** Bauen Sie Beziehungen zu anderen Nebenbeschäftigten, Mentoren und potenziellen Kunden auf, um Ihr Netzwerk zu erweitern und neue Möglichkeiten zu erschließen.
- **Investiere in dich selbst:** Investieren Sie kontinuierlich in Lernen und Kompetenzentwicklung, um wettbewerbsfähig zu bleiben und sich an Veränderungen in Ihrer Branche anzupassen.

- **Nicht aufgeben:** Nebenbeschäftigungen erfordern Ausdauer und Belastbarkeit. Lassen Sie sich von Rückschlägen oder Herausforderungen nicht entmutigen – machen Sie weiter und lernen Sie aus Ihren Erfahrungen.

Über das Buch

Möchten Sie Ihr Einkommen steigern und Ihren Leidenschaften nachgehen? Dieses Buch ist Ihr ultimativer Leitfaden, um das Potenzial von Nebenbeschäftigungen im Jahr 2024 und darüber hinaus auszuschöpfen. In der heutigen dynamischen Wirtschaft sind traditionelle 9-5-Jobs nicht mehr der einzige Weg zu finanzieller Stabilität und Erfüllung. Mit dem Aufstieg der Gig Economy und des digitalen Unternehmertums gibt es für Einzelpersonen unzählige Möglichkeiten, neben ihrem Hauptjob ein zusätzliches Einkommen zu erzielen, ihre Interessen zu verfolgen und ihre Ziele zu erreichen.

In diesem umfassenden Buch entdecken Sie zehn lukrative Nebenerwerbsideen, die Ihnen helfen können, im Jahr 2024 und darüber hinaus Geld zu verdienen. Von freiberuflichem Schreiben und E-Commerce bis hin zu Online-Nachhilfe und Gig-Economy-Jobs erkundet jedes Kapitel einen anderen Weg, um zusätzliches Einkommen zu generieren und ein erfolgreiches Nebengeschäft aufzubauen. Erfahren Sie, wie Sie Ihre Fähigkeiten, Interessen und Ihre verfügbare Zeit nutzen können, um einen profitablen Nebenjob zu schaffen, der zu Ihrem Lebensstil und Ihren Zielen passt.

In diesem Buch finden Sie:

- Detaillierte Einblicke in zehn beliebte Nebenerwerbsmöglichkeiten, einschließlich Schritt-für-Schritt-Anleitungen, praktischer Tipps und Erfolgsgeschichten aus dem wirklichen Leben, um Sie zu inspirieren und zu motivieren.
- Strategien zur Maximierung Ihrer Einnahmen, zum Ausgleich mehrerer Nebenbeschäftigungen und zum Bleiben der Konkurrenz in der sich ständig verändernden Gig-Economy-Landschaft.
- Praktische Ratschläge zum Aufbau Ihres Nebengeschäfts, zur Nutzung von Technologietools und -ressourcen sowie zur Überwindung allgemeiner Herausforderungen und Hindernisse.

Egal, ob Sie Ihr Einkommen aufbessern, Ihren Leidenschaften nachgehen oder dem 9-5-Trott entfliehen möchten, dieses Buch bietet alles, was Sie brauchen, um im Jahr 2024 ein erfolgreiches Nebengeschäft zu starten und auszubauen. Vollgepackt mit umsetzbaren Erkenntnissen, bewährten Strategien und Inspirationen Geschichten, dieses Buch ist Ihr Wegweiser zu finanzieller

Freiheit und Erfüllung durch die Kraft von Nebenbeschäftigungen.

www.ingramcontent.com/pod-product-compliance
Lightning Source LLC
Chambersburg PA
CBHW071507220526
45472CB00003B/940